Petra Skibbe und Joachim Skibbe

Toscana vegetariana

Petra Skibbe und Joachim Skibbe

Toscana vegetariana

Vegetarische Köstlichkeiten aus der Toskana

pala verlag

Danke!

Allen voran wollen wir Helga und Rafu danken, unter deren Augen und wohlwollenden Ratschlägen und in deren Küche und Olivengarten dieses leckere Toskanakochbuch entstanden ist. Ihr werdet immer einen Platz in unseren Herzen haben!

Ein herzliches Dankeschön auch allen unseren Freunden, die uns mit Familienrezepten, Tipps, Anregungen und so vielen anderen Dingen bei diesem Buch unter die Arme gegriffen haben.

Inhalt

Ciao Toscana – wie alles anfing ... 8

Etrurien – Land der Etrusker ... 9
Tuscien – der Weg zur Stadtrepublik ... 10
Florenz und die Medici ... 11
Königreich und Republik ... 13
Toskana und die Renaissance ... 13
Leben und Essen im Mittelalter ... 16

Wo gutes Essen zum Leben gehört – die Küche der Toskana ... 18

Dichtung und Wahrheit ... 19
Vom richtigen Zeitpunkt ... 19

Nicht ohne sie – typische Zutaten ... 21

Olive, Olivenöl ... 22
Getreide ... 22
Hülsenfrüchte ... 24
Gemüse ... 25
Käse ... 28
Nüsse ... 29
Kräuter und Gewürze ... 30

Hinweise zu den Rezepten ... 37

Antipasti – Vorspeisen 40

Primi – der erste Gang 62

Minestre – Suppen 62
Pasta, Polenta, Risotto & Co – Nudeln, Mais und Reis 78

Secondi – der zweite Gang 98

Verdure – Gemüsegerichte 98
Piatti al forno – Ofengerichte 118

Insalate e Sughi – Salate und Saucen 138

Dolci – Desserts 156

Die Autorin 190

Der Autor 191

Deutscher Rezeptindex 192

Italienischer Rezeptindex 195

TOSKANA
Garfagnana
Castelnuovo
Carrara
Massa
Barga
Montignoso
Seravezza
Bagni di Lucca
Forte dei Marmi
Borgo a Mozzano
Pietrasanta
Collodi
Pistoia
Borgo San Lorenzo
Montecatini Terme
Prato
Viareggio
Torre del Lago Puccini
Lucca
Fiesole
Pisa
Florenz
San Miniato
Livorno
Certaldo
San Gimignano
Castellina in Chianti
Arezzo
Volterra
Monteriggioni
Siena
Cortona
Crete
Montepulciano
Massa Marittima
Chianciano Terme
Elba
Grosseto
Magliano in Toskana
Talamone
Maremma

Adriatisches Meer
Toskana
Korsika
Tyrrhenisches Meer
Sardinien
Sizilien

Ciao Toscana – wie alles anfing

Wer an die Toskana denkt, dem fällt zunächst Florenz ein, die »Blühende«, die Stadt Dantes und seiner Beatrice, die Stadt der Medici, die Wiege der Renaissance und des Humanismus. In Florenz lebte Machiavelli und machte sich Gedanken über Staatsführung, dort bauten, formten und malten Leonardo da Vinci, Michelangelo, Donatello und Botticelli. Wer an die Toskana denkt, dem fällt sofort die ästhetische Landschaft ein, die sanften Farben der Hügel und Felder, das Ockerbraun der Bauernhäuser, das Silbergrün der Olivenbäume, die Ackerfurchen im Herbst und die Ausrufezeichen dazwischen, die Zypressen. Wer an die Toskana denkt, dem fällt aber auch die köstliche toskanische Küche ein, kalt gepresstes Olivenöl, das Röstbrot Crostini und der milde Schafskäse Pecorino. Alles wirkt und schmeckt wie es ist, die frischen Gemüse wohl akzentuiert mit mediterranen Küchenkräutern und nicht zuletzt der verführerische Schluss- und Höhepunkt eines jeden Essens: aromatisches Obst und Dolci, die leckeren Süßspeisen.

Etrurien – Land der Etrusker

Die toskanische Küche kann – ohne Übertreibung – auf eine dreitausend Jahre alte Tradition zurückblicken. An zahlreichen Ausgrabungsstätten fand man aufschlussreiche Hinweise auf die Küche der Etrusker. Kernland des rätselhaften Volkes aus Kleinasien war in etwa das Gebiet der heutigen Toskana, benannt nach dem Namen, denen ihnen die Römer gaben: *Etrusci* oder *Tusci*. Wie archäologische Funde bestätigen, hat sich an den toskanischen Essgewohnheiten im Laufe der Jahrhunderte wenig geändert. Noch heute soll alles in bester Qualität und unverfälscht auf den Tisch kommen. Der Toskaner liebt keine aufwändigen Rezepte, doch ist er erfinderisch in der Verwendung von Kräutern und im Mischen von Gewürzen.

Von der Zeit an, in der sich die Etrusker rund tausend Jahre vor Christus als Volk zusammenschlossen, bis zu jener Stunde, in der sie dem aufstrebenden Rom unterlagen und von den Eroberern regelrecht »aufgesogen« wurden, stellten die *Tusci* den Brennpunkt der italienischen Kultur dar. Eine Kultur, deren Entwicklung größtenteils auf dem Geist des Aufbruchs, des experimentellen Fortschritts, beruhte und die sich die Elemente der Natur zu Nutzen machte. Die Etrusker waren heiter, friedvoll und aufgeschlossen gegenüber allem Neuen, was von anderen Völkern ausging, wie den großen Kulturen Griechenlands und des Orients. Innerhalb weniger Jahrhunderte übernahmen sie vieles von deren tausendjährigem Wissen und deren Erfahrungen. Sie gründeten Städte, die schnell zu autonomen Stadtstaaten wurden und deren Machtbereich sich bald auch auf das Umland erstreckte – genau wie später die toskanischen Stadtstaaten des Mittelalters.

Beachtliches handwerkliches Geschick und technische Kenntnisse sicherten den Bewohnern einen soliden Wohlstand und einen wirtschaftlichen Vorsprung. Die Etrusker waren die ersten, die die sumpfige Maremma trockenlegten und urbar machten. Sie waren auch die ersten, die mit den Eisenerzen der Toskana etwas anzufangen wussten. Das technisch immer besser verhüttete und meisterhaft verarbeitete Metall bildete eines der Fundamente des etruskischen Handels. Ihre Zahnärzte verwendeten goldene Brücken und Kronen. Als Erste in Italien benutzten sie eine eigene Schrift. Und mit ihrer Gesetzgebung regelten sie den Städte- und Wohnungsbau sowie die bürgerliche und militärische Ordnung.

Zu ihrer Blütezeit vom 5. bis 3. Jahrhundert vor Christus wohnten die Etrusker bereits in komfortablen, beheizten und beleuchteten

Häusern, bereiteten köstliche Speisen zu, konservierten Lebensmittel, schätzten gute Weine, bestellten ihre Felder systematisch, unterhielten Handelsbeziehungen über Land und Meere, konnten auf eine hochentwickelte Goldschmiedekunst und ein beneidenswertes Terrakottakunsthandwerk verweisen, ehrten die Familie, teilten gleichberechtigt mit ihren Frauen die Aufgaben in Haus, Hof und Gesellschaft und huldigten verehrungswürdigen Göttern, die nicht auf Schritt und Tritt wilde Riten oder Menschenopfer forderten. Etrusker waren die kulturellen und politischen Geburtshelfer und Lehrmeister Roms. Könige aus *Tarquinia* (etruskisch *Tarchna)*, einer der ältesten und bedeutendsten etruskischen Städte, ummauerten das Hirtendorf, das Rom damals war. Sie entwässerten sein sumpfiges Forum, errichteten die ersten Tempel auf dem Kapitol, gaben der Stadt am Tiber einen etruskischen Geschlechternamen *(Rumu)* und eine Verfassung. Wenn die Römer in allen anderen Bereichen gelehrige Schüler waren, die wahren Ideale der Etrusker hatten sie nicht verstanden.

Auf eine Kultur, die von Sanftmut geprägt war und den Vorteil aller im Sinn hatte, auf die feinen Sitten, den Abscheu vor unmenschlicher Sklavenschinderei, auf eine Gesellschaft, in der die Beziehung zwischen den Geschlechtern auf dem Prinzip der Höflichkeit und Parität beruhte, stürzten sich römische Heere. Bis zum 3. Jahrhundert vor Christus waren die einstigen etruskischen Lehrmeister dem römisch-italienischen Reich eingegliedert.

Tuscien – der Weg zur Stadtrepublik

Unter römischer Herrschaft verkümmerte Etrurien zur politischen und wirtschaftlichen Provinz. Zwar wurde noch im 3. Jahrhundert vor Christus mit dem Bau der Straßen *Via Aurelia* und *Via Cassia* begonnen, die Etrurien mit Rom verbanden, doch schwand die einstige Bedeutung als Korn- und Erzkammer dahin. Die Erzgruben verfielen, die von den Etruskern entwässerte Maremma versumpfte wieder und wurde zum Malariagebiet. Toskanische Wälder wurden abgeholzt, um Schiffe und Häuser zu bauen – ein Raubbau, unter dessen Folgen die Toskana noch heute zu leiden hat. Andererseits spürten einige etruskische Städte den baulichen Luxus der neuen Herrscher: Tempel, Amphitheater und Thermen entstanden. Und Florenz, Lucca, Pisa und Pistoia verdanken ihre Gründung den Römern.

Nach dem Zerfall des Weströmischen Reiches und dem Sturz seines letzten Kaisers im Jahr 476 nach Christus kam der eigentliche

Tiefpunkt. Alemannen, Ostgoten, Byzantiner und Langobarden suchten *Tuscia* heim. Erst die Franken unter Karl dem Großen betrachteten 774 die Region nicht mehr als auszubeutendes Feindesland. In der neuen fränkischen Markgrafschaft *Tuscien* regenerierte sich das Leben, neue Landstriche wurden kultiviert, der Handel dehnte sich aus, die Wirtschaft wuchs, der Bildungsstand der Bevölkerung stieg und die Städte gewannen allmählich an Einfluss. Das große Landgut der Feudalherren wurde nach und nach aufgeteilt: Aus Leibeigenen und Halbfreien wurden Arbeiter oder Halbpächter, *Mezzadri* – ein System, das heute noch Gültigkeit hat. 934 tauchte in einem Dokument erstmals die Bezeichnung *Tuscana* auf.

Mit dem Aufschwung begannen die Bürger, Einfluss auf die politischen und wirtschaftlichen Geschicke zu nehmen. Zunftmeister, Handwerker und Kaufleute wandten sich gegen die alte Machthierarchie von Adligen, Feudalherren und Bischöfen. Innerhalb der Städte bemühten sich die Bürger, die Kräfteverhältnisse so auszubalancieren, dass niemand zu absoluter Macht gelangen konnte. Anfang des 12. Jahrhunderts waren die meisten größeren Städte in der Toskana faktisch autonom, obwohl sie noch der Oberhoheit des deutschen Kaisers unterstanden. Die expandierenden Städte begannen, ihren Einfluss auf die umgebenden Gebiete auszudehnen, sich ein Landgebiet, *Contado,* zu erobern. Das erleichterte den Warenaustausch und die Nahrungsversorgung, die Überwachung der Straßen und den ungehinderten Handel.

Vom 13. bis zum 15. Jahrhundert schließlich wurden die toskanischen Stadtstaaten Republiken, Volksherrschaften mit einer einzigartigen Beteiligung der Bürger. Pisa stieg mit seiner Flotte zur Seemacht auf und pflegte Handelsbeziehungen mit Nordafrika und dem Orient. In Lucca und Florenz florierten die Tuchindustrie und der Woll- und Seidenhandel. Die Geldwechsler und Bankiers von Siena bauten ihre Verbindungen bis nach Oberitalien und Rom aus. Wie bereits das Hervortreten des Bürgertums neue künstlerische Impulse freigesetzt hatte, so kam jetzt wieder eine Blütezeit der Baumeister, Bildhauer und Maler. Aus dem Boden der Stadt Florenz und der Toskana sprossen Kunstwerke von strahlender Schönheit. In wenigen Jahrzehnten wurde ein neues Zeitalter geboren: die Renaissance, begleitet von einer Blüte der Geisteswissenschaft, dem Humanismus.

Florenz und die Medici

Die neue Zeit brachte allerdings auch einen Konflikt mit, der sich durch das Land und seine Bürgerschaft zog und noch Jahrhunderte lang das Leben bestimmen sollte: die Auseinandersetzung zwischen deutschem Kaiser und römischem Papst, zwischen kaisertreuen Ghibellinen und propäpstlichen Guelfen, zwischen grundbesitzenden Adligen und großbürgerlichen Kaufleuten und Bankiers. Die Meinungsverschiedenheiten zwischen Bürgern, der Zwist der Familien, der Kampf um die Macht innerhalb der Mauern und die Rivalitäten der Städte untereinander wurden unter den Farben der Ghibellini und Guelfi ausgetragen.

Um 1434 griff ein Medici, Cosimo der Alte, dessen Vater durch Bankgeschäfte zum reichsten Mann von Florenz geworden war, nach der Macht. Damit begann die lange Herrschaft der Familie, die vom Stadtfürsten bis zum Großherzog der Toskana reichte und mit nur kurzen Unterbrechungen bis zum Tod des letzten männlichen Nachkommen im Jahr 1737 dauerte. So feinsinnig und schöngeistig sich die Medici als Kunstmäzene gaben, so skrupellos waren sie, wenn es um ihre Machtposition ging. Selbst vor Wahlschwindel, Verfassungsänderungen, Einschüchterung, Staatsstreich- beziehungsweise Bürgerkriegsdrohungen schreckten sie nicht zurück. 1532 war ihr Ziel erreicht: Sie herrschten ohne die Mitbestimmung des Volkes; die »Republik der Ladenbesitzer« gehörte der Vergangenheit an.

Nach über 400-jährigem Ringen mit Pisa und Siena errang Florenz 1559 die Oberherrschaft über die Toskana und wurde kurz darauf Hauptstadt des Großherzogtums Toskana. Vorbei war die Zeit der Kriege zwischen den Stadtstaaten und der Plünderungszüge von Söldnerheeren des Kaisers und Papstes. Keine Städte wurden mehr belagert und keine Bauern mehr ausgeplündert, keine neuen Kriegssteuern mehr erhoben und Preise nicht mehr inflationär erhöht. Vorbei waren die immer wiederkehrenden Pest- und Choleraepidemien, vor denen die Reichen aufs Land flohen und an denen die Armen scharenweise starben. Es folgte eine lange Zeit des Friedens, in der sich die Toskana zum mustergültigen, kulturell jedoch allmählich verblassenden Agrarstaat ohne außenpolitische Ambitionen wandelte.

Die Entdeckung der Neuen Welt 1492 hatte die Handelswege und Märkte der Erde verschoben. Pisaner, Luccheser und Florentiner Kaufleute, die Jahrhunderte lang den europäischen und mediterranen Markt beherrscht hatten, gerieten ins Abseits. Anstatt in Geschäftsunternehmungen, investierte das Großbürgertum in Grundbesitz auf dem Land. Man wetteiferte im Bau prachtvoller Villen und Landsitze, ließ Gärten und Brunnen anlegen und lebte von der Hälfte der Erträge, die die Halbpächter erwirtschafteten. Hatten die Städte in der

Zeit vom 11. bis 15. Jahrhundert durch den Bau von Kathedralen, Kirchen und Palästen ihr heutiges Gesicht erhalten, so entstand nun im 16. und 17. Jahrhundert das charakteristische Landschaftsbild der Toskana, das bis heute Reisende aus aller Welt verzaubert.

Königreich und Republik

Als der letzte Medici 1737 starb, verfügten die Großmächte über das verwaiste Großherzogtum und teilten es Habsburg-Lothringen zu. Die Österreicher reformierten nahezu alle Bereiche des öffentlichen Lebens und machten die Toskana zu einem Musterland der Aufklärung, zu einem Modell für Frieden, Fortschritt und Ordnung. Von einem kurzen Intermezzo napoleonischer Herrschaft abgesehen, dauerte die Regentschaft Österreichs bis 1859, als sie den neuen politischen Kräften Platz machte, die eine Einigung Italiens unter König Vittorio Emanuele II. forderten. 1860 stimmte die Bevölkerung der Toskana für den Beitritt zum Königreich Italien. Florenz wurde für sechs Jahre Hauptstadt Italiens, doch dann trat Rom wieder an die erste Stelle. In der Folgezeit teilte die Toskana die Geschicke des vereinten Italiens. Die Gründerjahre brachten ihr wie anderen Teilen Italiens einen Industrieboom und ließen die Städte aus den mittelalterlichen Nähten platzen. Erster Weltkrieg, Faschismus und Zweiter Weltkrieg trafen alle Regionen Italiens gleich hart. Unter den Kämpfen zwischen alliierten und deutschen Truppen im Jahre 1944 hatten in der Toskana besonders Florenz, Pisa, Livorno und Pistoia zu leiden. 1946 wurde in Italien die Republik ausgerufen.

Heute zählt die Toskana zu den wohlhabenderen der zwanzig italienischen Regionen.

Industrie und Handwerk bilden das Rückgrat der toskanischen Wirtschaft. Die Landwirtschaft spielt dagegen nur noch eine geringe Rolle. Doch ihren Individualismus haben die Toskaner behalten: Es gibt nur wenige große Betriebe, die Mehrzahl der Industrie- und Handwerksbetriebe hat weniger als eine Handvoll Angestellte.

Toskana und die Renaissance

Die Toskana hat die europäische Kultur reich beschenkt. Auch wenn sie nach dem Niedergang der Etrusker lange Zeit nahezu brachlag, überraschte sie im ausgehenden Mittelalter mit etwas Neuem. Im 14. Jahrhundert war die Toskana die Geburtsstätte des Humanismus. Ein neues, modernes Menschenbild entstand, mit Streben nach Freiheit, Autonomie und Individualität, mit dem Ideal edler, allseitig ausgebildeter Menschlichkeit. In der Toskana war es, wo die entscheidenden Schritte zur Entstehung der neuzeitlichen Skulptur und Malerei vollzogen wurden. Dort liegen die Anfänge einer über ganz Europa verbreiteten Bau-, Garten- und auch Kochkunst.

Das Mittelalter hatte den Sinn des Lebens in der Überwindung des Irdischen und in der Vorbereitung auf das Jenseits gesehen. Das Neue an der Renaissance (»Wiedergeburt«) war, dass der Mensch sich selbst und die Welt neu entdeckte. Der Mensch der Renaissance erkannte seine Eigenständigkeit und Individualität, er sah die Schönheit der Welt und freute sich am Leben. Man forschte, studierte und identifizierte sich mit ähnlichen Ideen und Idealen der klassischen Antike, die man wiederentdeckte und -erweckte. In der Renaissance wurde das Kunstwerk vom Sinnbild des Mittelalters zum Abbild der Wirklichkeit – und der Künstler vom Handwerker zur schöpferischen Persönlichkeit.

Vorbereitet wurde die Renaissance in der Toskana schon im 13. Jahrhundert, der Periode der großen Individualität. Der Bildhauer Pisano (1215 – 1284), der Maler Cimabue (1240 – 1302) und vor allem der Baumeister und Maler Giotto (1266 – 1337) schufen neue Stile, in denen der Mensch wieder mehr ins Zentrum rückte. Am berühmtesten ist wohl Dante Alighieri (1265 – 1321), der als erster italienischer Dichter Latein hinter sich ließ und mit seiner im toskanischen Regionaldialekt verfassten *Divina Commedia* der Vater der italienischen Dichtung und Sprache wurde. Als energischer Individualist musste er seine Parteinahme für die kaisertreuen Ghibellinen mit zwanzig Jahren Verbannung aus seiner Heimatstadt Florenz bezahlen.

Soziale und politische Voraussetzung für die Renaissance war die fortschreitende Erschütterung der Adelsherrschaft. Italien war das erste Land, in dem das Ende der Stauferherrschaft im 13. Jahrhundert und die lang andauernden Kämpfe zwischen Kaisern und Päpsten die Auflösung der alten Ordnungen zur Folge hatten. Die toskanischen Stadtrepubliken mit ihrer neuen Bürgerschaft von Kaufleuten, Handwerkern und Bankiers ermöglichten bisher unbekannte Entfaltungsmöglichkeiten. Die Menschen versuchten, sich von alten politischen und kirchlichen Bindungen frei zu machen.

Der toskanische Dichter und Gelehrte Petrarca (1304 – 1374) war der Erste, der den Schritt aus dem Mittelalter in die neue Zeit bewusst vollzog, der Erste, der das Erlebnis der Einmaligkeit seiner Individualität schriftlich niederlegte. Aus der Toskana stammt auch Boccaccio (1313 – 1375), der Dichter, dem Europa die Form der Novelle und den *Decamerone* verdankt. Gegen den Widerstand ihrer Familie erkämpfte sich die heilige Katharina von Siena (1347 – 1380) den Eintritt ins Kloster der Dominikanerinnen. Dort beeindruckte sie durch ihr asketisches Leben, die aufopfernde Pflege von Kranken und Armen und ihre seherische Begabung, die sogar die Aufmerksamkeit des Papstes erregte. Architekt Brunelleschi (1377 – 1446) brachte der Frührenaissance mit seiner als Wunder bestaunten Florentinischen Domkuppel neue Techniken und Impulse. Was er unter den Baumeistern, das war Donatello (1386 – 1466) unter den Bildhauern des 15. Jahrhunderts. Dieser schuf den ersten Akt, das erste Reiterstandbild und das erste vollkommen freistehende Gruppenmonument. Durch den Dominikanermönch Fra Angelico (1400 – 1455) wurde das Kloster San Marco weltberühmt, dessen Räume und Säle er so meisterhaft mit Fresken und Tafelbildern zu schmücken verstand. Und nur etwas später erstrahlten die feenhaften Frauenbildnisse des Florentiner Malers Sandro Botticelli (1444 – 1510).

Umfassende Veränderungen erfuhr auch das geografische Weltbild. Die Neue Welt und der Seeweg nach Indien wurden entdeckt – Ereignisse, an denen der Florentiner Seefahrer in spanischen und portugiesischen Diensten, Amerigo Vespucci (1451 – 1512) großen Anteil hatte. Nach ihm benannte man sogar den neu entdeckten Kontinent Amerika.

Gerade in der Toskana hat die italienische Renaissance zahlreiche universell begabte Persönlichkeiten hervorgebracht. Doch keiner war so genial wie Leonardo da Vinci (1452 – 1519), der in sich die überragenden Fähigkeiten von Maler, Bildhauer, Baumeister, Naturforscher und Ingenieur vereinte. Mit der Mona Lisa schuf er eines der berühmtesten Bildnisse der Malerei. Auch die ersten Ansätze einer systematischen Naturwissenschaft gehen auf das Universalgenie Leonardo zurück – und auf Alberti (1404 – 1472), den bahnbrechenden Baumeister, humanistischen Schriftsteller und Kunsttheoretiker der Frührenaissance.

Leonardo vergleichbar ist nur noch Michelangelo (1475 – 1564), dessen Stern als Maler, Bildhauer, Baumeister, Dichter und Forscher schon zu seinen Lebzeiten gleißend hell erstrahlte. Mit seiner Schaffenskraft und dem handwerklichen Können trieb er die Renaissance zur höchsten Vollendung. Er erlebte das Charisma des Dominikanermönchs Savonarola (1452 – 1498), der Florenz nach republikanisch demokratischen Grundsätzen erneuern wollte und die Armenfürsorge einführte. Doch die geglückte Vertreibung der Medici, die sich mit dem Papst gegen ihn und Florenz verbündeten, sollte ihm später zum

Verhängnis werden. Savonarolas geistiger Widerpart war Machiavelli (1469 – 1527), bekannt als der oft missverstandene Philosoph des menschlichen Strebens nach absolutistischer Macht.

Mit Raffael (1483 – 1520) drückt sich die Malerei der Hochrenaissance noch einmal am reinsten und vollkommensten aus. Und einige Zeit später leuchtet der Genius des Pisaners Galileo Galilei (1564 – 1642), der Begründer der modernen Naturwissenschaft. In der Auseinandersetzung mit der katholischen Kirche trat er für die Eigenständigkeit der Wissenschaft gegenüber der kirchlich gebundenen Theologie ein. Über die Frage des Kopernikanischen Weltsystems, der Bewegung der Erde um die Sonne statt umgekehrt, zwang die Kirche ihn zum Widerruf seiner Lehre und lebenslangen Hausarrest. Erst 200 Jahre später wurden seine Werke vom Index gestrichen.

Galileo ist, was die anderen Persönlichkeiten vor ihm waren und die Toskaner – nach dem Florentinischen Schriftsteller Curzio Malaparte – noch immer sind: »Wir sind aufrührerisch, zynisch und spöttisch. Wir behalten einen kühlen Kopf, auch wenn unser Blut kocht. Wir sprechen aus, was andere nicht hören wollen. Wir bereuen unsere guten Taten nicht und schämen uns auch nicht der schlechten.«

Leben und Essen im Mittelalter

»Im Umkreis von 20 Meilen um die Stadt gibt es 32.000 Besitztümer von Florentiner Bürgern.« Was der Humanist Benedetto Varchi 1530 für den Florentiner Raum beschrieb, galt für die ganze Toskana. Seitdem sich der Einfluss der Stadtrepubliken ab dem 12. Jahrhundert auch auf ihr Umland erstreckte, gingen die Bürger aufs Land und schufen die noch heute sichtbare Kulturlandschaft. Wer es sich leisten konnte – selbst kleine Handwerker –, hatte damals seinen Acker, sein Höfchen im *Contado,* dem Umland der Stadt. Um 1400 war die Mehrzahl der Bürger gleichzeitig Städter wie Land- und Villenbesitzer.

So auch Francesco di Marco Datini, ein einflussreicher Kaufmann, der von 1335 bis 1410 in Prato und Florenz lebte. Seine exakten Geschäftsbücher und hunderttausend erhaltenen Briefe geben uns ein genaues Bild der Zeit. Besaß Datini immerhin gut drei Hektar Grund außerhalb der Prateser Stadtmauern, so nannte sein weniger wohlhabender Freund Lapo Mazzei doch wenigstens einen großen Wein- und Gemüsegarten bei Grignano sein Eigen – und war glücklich damit. Die Erträge dienten stets dazu, den Haushalt des Besitzers mit den Grundnahrungsmitteln – Korn, Öl, Wein,

Gemüse und Obst – zu versorgen. Der Humanist und Philosoph Leon Battista Alberti forderte in seinem Buch *Della Famiglia* (1437), wie so ein Gut beschaffen sein sollte: »Dass man nichts als eine Viertelmetze Salz kaufen müsste, um die Familie das ganze Jahr hindurch ernähren zu können.« Der Gutsbesitzer, *Padrone,* lebte in der Stadt und kam nur ab und zu, um sich vom Getriebe zu erholen. Verwaltet wurde der Hof von den *Mezzadri,* den Halbpächtern. Sie stellten die Arbeitskraft, der Besitzer Land, Haus, Geräte, Saatgut und Vieh; weitere Kosten wurden geteilt, ebenso der Ertrag.

Im Haus des *Podere,* des kleinen Landguts, lagen die Ställe ebenerdig, die Bauern wohnten im wärmeren Obergeschoss. Eine Treppe führte in den Hauptraum, in die große Wohnküche, die man einfach *Casa* nannte. Am offenen Kamin standen Bänke, auf denen die Familie den Abend verbrachte, die Frauen oft mit Handarbeiten beschäftigt. Man lebte von den Erträgen des Landes und von Kleinvieh. Das Chiana-Rind diente wie seit alters her als Zugtier bei der Arbeit auf dem Acker. Milchkühe gab es kaum; wenn man etwas Milch für die Kinder brauchte, molk man die Ziegen.

In den Einkaufslisten Datinis finden wir, welche Nahrungsmittel im Florenz des 14. und 15. Jahrhunderts besonders wichtig waren: Weizenbrot, Nudeln und frisches Gemüse wie Spinat, Mangold, gelbe und weiße Rüben, Kichererbsen und Bohnen. Daneben schätzte man frisches Obst, Käse, Nüsse, Konfekt und viele Wildgemüse von den Feldern und Weinbergtrassen. Nicht fehlen durften neben allen frischen Küchenkräutern natürlich Gewürze, insbesondere Pfeffer, Safran, Gewürznelken, Muskat, Zimt und Ingwer. Das berühmte Fürsten-Kochbuch des 14. Jahrhunderts *Il libro di cucina* rät sogar: »Füge in jede Sauce, Tunke, Brühe etliche wertvolle Zutaten wie Gold, Edelsteine und feine Gewürze.«

Doch die typische toskanische Küche war weniger kostspielig. Es triumphierte die Qualität des selbst erzeugten Naturprodukts, das mit viel Sorgfalt zubereitet wurde. Die toskanische Küche war nuanciert, aber nicht überfeinert, anspruchsvoll und doch einfach. Ein echter Toskaner konnte schon damals nicht ohne sie leben. So ging es auch Katherina de Medici, die als Braut von Heinrich von Orleans 1533 nach Frankreich reiste. Als Mitgift nahm sie gleich eine ganze Brigade Köche und Zuckerbäcker aus Florenz mit, die – so behaupten toskanische Zungen – die Grundlage für die berühmte französische Küche schufen.

Wo gutes Essen zum Leben gehört – die Küche der Toskana

»Alles frisch auf den Tisch« – das ist der Küchengrundsatz Nummer eins in der Toskana. Bevorzugt wird der ursprüngliche, reine Geschmack, nicht die raffinierte Verfremdung der Naturprodukte. Obst und Gemüse, Getreide und Bohnen, Käse und Olivenöl sollen so schmecken, wie sie Mutter Natur hervorbringt und der Mensch dankbar erntet und sorgfältig verarbeitet. Für die toskanische Küche ist der Bauer so wichtig wie der Koch. Die Aufgabe der Küche ist es, die natürliche Qualität der Produkte rein zu erhalten und appetitlich zu steigern.

Für ihre leckeren Rezepte stehen der toskanischen Küche schon seit Etruskerzeiten beste Zutaten zur Verfügung. Die überall wohlbestellten Felder, Gärten, Olivenhaine und Weinberge liefern den besten Beweis.

So macht es denn auch großen Spaß, selbst zu kochen. Gleich, ob in der Toskana oder nördlich der Alpen, heißt das, am Vormittag auf den Markt, direkt zum Bauern oder gleich in den eigenen Garten zu gehen und sich dort für Mittag- und Abendessen Obst, Gemüse, Oliven und Käse frisch auszusuchen.

Dichtung und Wahrheit

Besucht man heute ein typisch toskanisches Restaurant, so stolpert man auf der Speisekarte über etliche Fleischgerichte. Das aber war in der Toskana wie auch in ganz Europa nicht immer so. Die Vorliebe für fleischliche Produkte auf dem Speisezettel nahm erst im letzten Jahrhundert zu – insbesondere nach dem Zweiten Weltkrieg mit den veränderten Methoden in der Land- und Viehwirtschaft, wie Monokulturen und Massentierhaltung.

Auch bei Historikern wird leicht übersehen, dass diese immer nur das farbenprächtige Leben einer begüterten Minderheit beschreiben. Wer käme nach seitenlangen Ausführungen über die Exzesse der herrschenden römischen Klasse auf die Idee, dass der Durchschnittsrömer ein Gemüseliebhaber war? Wem käme bei den Fürstengelagen des Mittelalters der Gedanke, dass für die Normalbevölkerung Ochsen Zugtiere waren, Kühe wegen ihrer Milch gehalten wurden und Schafe wegen ihrer Wolle und Milch? Und wer hätte gedacht, dass das überall als »typisch toskanisch« erwähnte *Bistecca alla fiorentina* (Rindersteak) eine englische Adaption des letzten Jahrhunderts ist: ein Mitbringsel der britischen Adligen, die auch in ihrem alljährlichen Winterquartier zwischen Fiesole und dem Ponte Vecchio nicht auf ihre gewohnten Speisen verzichten wollten. So zeigt sich denn auch in der Toskana, dass das Luxusgut Fleisch (meist erlegtes Wild) lange Zeit nur für die Herrentafel bestimmt war. Und auch dort in weitaus geringerem Umfang, als es für viele mitteleuropäische oder nordamerikanische Haushalte heute so selbstverständlich zu sein scheint. Die Grundlage der toskanischen Volksernährung bildeten Getreide, Gemüse, Bohnen, Früchte, Käse und Olivenöl in einer Vielzahl von leckeren Gerichten. Damit verband das Volk Zufriedenheit, Gaumenfreude und Gesundheit – und dafür ist die toskanische Küche berühmt.

Vom richtigen Zeitpunkt

Eigentlich frühstücken die Toskaner nicht – zumindest nicht in der Stadt. In der Region, die einen Dante und Leonardo da Vinci hervorbrachte, ist noch vieles so wie vor Hunderten von Jahren. Und im Mittelalter galt es als ungeheurer Luxus, wenn man vor der Arbeit ein Stück Brot zu sich nahm. So begnügt man sich noch heute allenfalls mit etwas Gebäck, bevor man das Haus verlässt. Der Schluck Kaffee wird etwas später in der Bar nachgeholt. Und Kinder nehmen vor der Schule nur eine Tasse Milch oder Tee mit etwas Kuchen oder *Biscotti,* kleinem, süßem Gebäck (siehe Seite 158) zu sich.

Zwischen halb eins und drei Uhr isst man ausgiebig zu Mittag, *Pranzo*. Im Restaurant ist dies ein üppiges Essen mit mindestens vier Gängen, aber auch daheim werden mindestens zwei Gänge gereicht und zwar in folgender Reihenfolge:

1) **Antipasti – Vorspeisen:**
Zum Beispiel Brote wie *Crostini* (geröstetes Brot mit Aufstrich), *Fettunta* (geröstetes Brot mit Olivenöl) oder *Pinzimonio* (rohes Gemüse in Olivenöl gedippt).
2) **Primo – der erste Gang:**
Dazu gehören zum Beispiel alle Nudelgerichte, Suppen, Polenta oder Gnocchi.
3) **Secondo – der zweite Gang:**
Zum Beispiel Gemüsegerichte und pikante Rezepte aus dem Backofen; daneben noch Salate, die man im Restaurant fast immer extra bestellt.
4) **Dolci – Desserts:**
Zuerst wird Pecorino, der bekannte toskanische Schafskäse, serviert und erst dann das, was wir unter Dessert verstehen, die Süßspeisen; zum Beispiel Kuchen, Torten, Gebäck, *Panforte* oder Eis und dergleichen.

Das Abendessen, *Cena,* ist die Hauptmahlzeit im Kreis der ganzen Familie. Fest integriert ist inzwischen der laufende Fernseher, fast wirkt es so, als ob sich dieser wie die vielen anderen Familienmitglieder am Gespräch beteiligt; nur ab und zu nimmt man von ihm Kenntnis, um danach weiterzuerzählen oder eigene Kommentare zum Gesehenen auszutauschen. Gegessen wird dabei fast immer warm, im heißen Sommer vielleicht einmal nur Obst und frische Salate – aber nie vor zwanzig Uhr, im Sommer eher noch später. In der Reihenfolge der Gänge gleicht das Abendessen dem Mittagessen.

Gutes Essen gehört in der Toskana ganz selbstverständlich zum guten Leben!

Nicht ohne sie – typische Zutaten

»Die toskanische Küche ist eine leichte, fettarme und wohlschmeckende Küche, duft- und geistreich, wie geschaffen für intelligente und aufgeweckte Leute.« An den Worten des bekannten Schriftstellers Guiseppe Prezzolini ist etwas dran. Dem Flair dieser Küche kann man sich schwer entziehen: fantasievoll und doch klar, fein, aber nicht überfeinert, anspruchsvoll und doch einfach. Und obendrein noch gesund, wie Ernährungswissenschaftler festgestellt haben: Die toskanische Küche stärkt das Herz, beugt Herzinfarkt vor und bringt Leber, Galle und Verdauung in Schwung. Für die Toskaner selbst sind dies keine neuen Erkenntnisse. Bereits im 16. Jahrhundert wies der Arzt Michele Savonarola in seinem *Buch über alle Dinge, die wir gemeinhin essen* darauf hin, wann immer möglich Olivenöl zu verwenden. Dieses Wissen möchten wir Ihnen nicht vorenthalten. Anhand der folgenden Stichworte erfahren Sie daher nicht nur Wissenswertes über die Herkunft der Produkte, sondern auch über Inhaltsstoffe und Heilwirkungen der typischen Zutaten in der toskanischen Küche.

Olive, Olivenöl

Konzentrat der Sonne. Das Olivenöl in der Toskana muss erstklassig sein, am besten gleich die Öle aus Lucca und dem Chianti. Ein Essen ohne Olivenöl kann sich heute kein Toskaner vorstellen. Eine Tradition, die bis zu den Etruskern zurückreicht, die als erste Europäer Olivenöl in der Küche verwendeten. Vom zehnten Jahr an tragen Olivenbäume 250 Jahre oder noch viel länger, und zwar jedes zweite Jahr. Dazu müssen die Bäume jedes Jahr geschnitten werden, auch wachsen aus 200 Blüten nur fünf Olivenfrüchte.

Am wertvollsten ist Olivenöl als kalt gepresstes Jungfernöl *(Olio extra vergine* oder extra natives Olivenöl). Dabei wird das Fruchtfleisch der von Hand geernteten Oliven zuerst auf einer Natursteinmühle gemahlen und anschließend schonend kalt gepresst. Das wertvolle, dickflüssige Jungfernöl der ersten Pressung ist anfangs hellgrün trüb, nach dem Absetzen und wiederholten Umsetzen dunkelgrün und klar.

Oliven besitzen von allen Ölpflanzen den höchsten Anteil an einfach ungesättigten Fettsäuren (bis zu 78 %), daneben Vitamine, Mineralstoffe und cholinähnliche Substanzen mit Leber- und Gallenschutzwirkung. Da Olivenöl nur 4 bis 12 % Linolsäure enthält, kann es höher erhitzt werden als andere kalt gepresste Öle. Durch seinen geringen Anteil an mehrfach ungesättigten Fettsäuren ist es länger haltbar: Dunkel und kühl gelagert (kein Kühlschrank), hält die ungeöffnete Flasche bis zu drei Jahre.

Jungfernöl ist leicht und bekömmlich, fördert die Leber- und Gallensekretion und wird auch als Gallenstein-Gleitmittel bei der sogenannten Ölkur verwendet. Außerdem nährt Olivenöl die Nervenzellen. In der Naturheilkunde und -kosmetik ist es wichtiger Träger für Salben und Einreibungen. Wer die Haut (zum Beispiel vor dem Duschen) mit Olivenöl einreibt, wird schnell merken, dass man gar keine teuren Körperlotions braucht.

Getreide

Pasta, Risotto und Polenta – wer kennt sie nicht, die typisch italienischen und toskanischen Gerichte. Doch Brot muss immer auf dem Tisch stehen, denn die Toskaner essen Brot, immer, zu jedem Essen und in ganz verschiedenen Formen zubereitet.

In der alten Toskana war das Brot nie so weiß wie bei uns heute. Wie wir aus den Statuten der florentinischen *Compagnia della Lesina* erfahren, wusste man schon in der Renaissancezeit, dass Vollkornbrot gesünder als ein Brot aus weißem Mehl ist. Vollkornmehl aus Weizen und Dinkel gibt dem

Brot die festere Struktur und den volleren Geschmack und macht es außerdem viel knuspriger. Noch mit Sauerteig angesetzt und im Holzbackofen gebacken – und der ganze Vitalstoffschatz des kompletten Getreidekorns kommt uns zugute.

Dinkel

»Das Getreide für den Menschen«, lobte Hildegard von Bingen den Dinkel. Selbst heute ist Dinkel, die alte Kulturform des Weizens, im Gegensatz zu den meisten gezüchteten Getreidesorten genetisch intakt. Und mit 13 % Eiweiß, wichtigen essentiellen Aminosäuren, seinem Mineralstoffgehalt und seinen Vitaminen übertrifft er jedes andere Getreide. Dinkel ist das verträglichste Lebensmittel, das man sich vorstellen kann. Dennoch wäre Dinkel oder *Farro,* wie er in der Toskana heißt, fast in Vergessenheit geraten. Kaum mehr baute man das zu Etrusker- und Römerzeiten hoch geschätzte Getreide noch außerhalb der Region von Lucca an, dabei war seit Generationen das tägliche Brot mit Dinkel gebacken worden. Erst seitdem man von seinem gesundheitlichen Wert weiß, hat sich dies wieder geändert: Dinkel stärkt das Bindegewebe und die Haare, hilft bei Atemwegserkrankungen und Verdauungsbeschwerden, harmonisiert den Kreislauf und Blutdruck, entgiftet und erhöht die Abwehrkraft. In der Region von Lucca werden die Menschen sehr alt – weil sie so viel Dinkel essen, wie sie stolz bekunden. Noch heute gibt es dort Mühlen, in denen Dinkel wie vor Jahrhunderten gemahlen wird.

Mais

Reisemitbringsel. Mais kam zwar mit Kolumbus nach Europa, doch dauerte es noch 200 Jahre, bis die Venezianer ihn in Italien heimisch machten. Maismehl enthält kein Gluten und ist somit ideal für Menschen mit Glutenunverträglichkeit. Mit seinen Inhaltsstoffen rangiert Mais etwas hinter den anderen Getreiden, ihm fehlen wesentliche Aminosäuren, und das vorhandene B-Vitamin Niacin ist gebunden und kann vom Körper daher nicht verwertet werden. Erst in Kombination mit anderen Nahrungsmitteln wird er zu einer vollwertigen Speise. Nicht ohne Grund isst man die Polenta in der Toskana mit Tomaten oder Schafskäse. Eine ebenso ideale Kombination ist Mais mit Bohnen. Da konventioneller Mais heute stark überdüngt wird und beim Anbau chemische Pflanzenschutzmittel zum Einsatz kommen, empfehlen wir Sorten aus kontrolliert ökologischem Anbau.

Reis (Rundkornreis)

Nasse Füße erwünscht. Reis braucht zum Wachsen viel Wasser, für ein Kilo zwischen 650 und 800 Liter Wasser. Deshalb wurde er früher nur in der Po-Ebene angebaut, wo der Grundwasserstand auf überfluteten Feldern hoch ist. In jüngerer Zeit gibt es auch in der Toskana große Rundkornreisfelder im Tal der Merse. Rundkornreis gibt beim Kochen viel Stärke ab und sorgt beim Risotto für die richtige Bindung. Unpolierter Natur- oder Braunreis schmeckt nicht nur voller und kräftiger, sondern besitzt auch noch weit mehr Inhaltsstoffe: neben essentiellen Aminosäuren viele Mineralstoffe, dazu Spurenelemente und Kohlenhydrate. Auch mit Vitaminen des B-Komplexes, beispielsweise Niacin und Pantothensäure, geizt er nicht.

Reis stärkt Haare, Zähne, Nägel, Muskeln und Knochen. Er lindert Darmbeschwerden, schützt vor Hautkrankheiten und versorgt das Gehirn mit Energie. Seine entwässernden Eigenschaften und der geringe Fettanteil machen ihn ideal für Menschen mit Nierenkrankheiten oder Übergewicht.

Weizen
»König der Getreide« nennt man den Weizen. Zu Recht, denn Weizen enthält wichtige Vitamine, Mineralstoffe, Spurenelemente, Enzyme, hochwertiges Eiweiß und andere wertvolle Stoffe. Auch für die Gesundheit hat Weizen viel zu bieten: Er hilft bei Hautunreinheiten, Kreislaufstörungen und schneller Ermüdung. Er lindert Magenbeschwerden, Arthritis und rheumatisches Fieber, verleiht Kraft und unterstützt die Körperabwehr. Seine viel gepriesenen Inhaltsstoffe und Heilwirkungen kann Weizen allerdings nur in Bioqualität und als Vollkornmehl entfalten.

Hülsenfrüchte

Unter den pflanzlichen Lebensmitteln glänzen Hülsenfrüchte mit dem höchsten Eiweißgehalt (meist weit über 20 %) und besonders vielen Kohlenhydraten. Außerdem stecken in ihnen reichlich Ballaststoffe, wertvolle Vitamine, Mineralien und Spurenelemente – und das alles bei wenigen Kalorien.

Bohnen
(weiße Cannellini-Bohnen, braune Borlotti-Bohnen)
Geschenk des Kaisers. Anlässlich der Kaiserkrönung Karl V. 1530 erhielt Papst Clemens VII. aus dem Hause Medici die dicken, weißen Bohnen aus Südamerika. Nachdem er sie an seine florentinischen Landsleute weitergegeben hatte, wurden sie bald unverzichtbar für die toskanische Küche. Bohnen regen den Appetit an, fördern die Wundheilung, bauen überflüssiges Cholesterin ab und reinigen den Darm. Isst man sie zusammen mit Gemüse und Getreide, dann verstärkt sich noch ihr Wert als Schutznahrung.

Kichererbsen

Die kleinen Riesen. Seit dem Mittelalter schätzt man in der Toskana Kichererbsen und ihr Mehl als Energie- und Kraftquellen. Mit 20 % Eiweiß, einem hohen Anteil an essentiellen Aminosäuren, Eisen und Vitamin C stehen sie an der Spitze aller Erbsensorten. Sie beugen Arteriosklerose und Knochenentkalkung vor, lindern Erkältungskrankheiten und stärken Herz, Gewebe und Knochen.

Kichererbsen oder Kichererbsenmehl bekommen Sie im Reformhaus, Naturkostladen und im asiatischen Lebensmittelladen.

Gemüse

Am wichtigsten in der toskanischen Küche ist natürlich das Gemüse, entweder aus dem eigenen Garten oder frisch eingekauft. Hier ist der Toskaner besonders anspruchsvoll und wählerisch; für das, was er ausgibt, will er das Beste und Frischeste. Dass er damit gleichzeitig auch sehr viel für seine Gesundheit tut, nimmt der Toskaner gelassen hin. Als hätte er es schon immer gewusst, dass im Gemüse die Bioaktivstoffe stecken, die unser Immunsystem stärken, Zellgifte und Krankheitserreger bekämpfen und sogar das Infarkt- und Krebsrisiko erheblich reduzieren können.

Artischocken

Der versteckte Feinschmecker. Wer Artischocken zum ersten Mal sieht, kann sich kaum vorstellen, dass diese mannshohen distelähnlichen Pflanzen ein hochgeschätztes Gemüse sind. In der Toskana bevorzugt man die kleineren Sorten, am liebsten *Violetto di Toscana.* Was so gut schmeckt, ist das Edelste an der Pflanze: die Knospen- oder Blütenblätter und der Blütenboden. Auch in puncto Gesundheit haben Artischocken viel zu bieten, beispielsweise wertvolle Vitamine und heilsame Flavone. Mit ihrem Inulin aktivieren Artischocken Leber und Galle und senken die Blutfettwerte.

Auberginen

Weit gereist. Im 16. Jahrhundert kam die Aubergine nach Europa, aber nicht wie die anderen Nachtschattengewächse aus der Neuen Welt, sondern über Kleinasien und Ägypten aus Indien. Auberginen enthalten zahlreiche Vitamine und Mineralstoffe sowie Bitterstoffe und ätherische Öle. Sie wirken blutbildend, entwässernd, darmschonend und entzündungshemmend. Daneben regen sie Stoffwechsel und Verdauung an und lindern Atemwegserkrankungen.

Fenchel (Knollenfenchel, Gemüsefenchel)

Erfolgsgeschichte. Überall, wo es im Altertum Küchenkultur gab, wurde auch Fenchel – ein Symbol des Erfolges – gegessen. Nicht ohne Grund, denn Fenchel hat einen relativ hohen Anteil an Kohlenhydraten, Ballaststoffen und Carotin. Er besitzt fast zweimal so viel Vitamin C wie Orangen, viele B-Vitamine, dazu reichlich Eisen und ätherische Öle. Kein Wunder, dass man Fenchel – auch das Fenchelgrün – als Heilpflanze schätzt, vor allem bei Augen-, Magen- und Darmbeschwerden sowie bei Husten, Halsweh und Heiserkeit. Fenchel wirkt außerdem harntreibend und reinigt die Nieren.

Mangold

Der Spargel des kleinen Mannes – so nennt man den Mangold im Volksmund. Zu Recht, ist doch einer seiner Inhaltsstoffe das Asparagin (wie beim Spargel). Daneben enthält Mangold aber auch noch Saponine, Raphanol und die Aminosäure Betain, die wichtig für die Fettverdauung ist. All seine Inhaltsstoffe machen Mangold zu einem Linderungsmittel bei Husten und Lungenkrankheiten; zusätzlich regt er noch Leber und Nieren an.

Schwarzkohl (toskanischer Palmkohl, Cavolo nero)

Schwarz- oder Palmkohl ist eine alte toskanische Spezialität, in Deutschland kennt man ihn (noch) nicht. Er wird bis zu 70 Zentimeter hoch und hat palmenartig angeordnete schwarzgrüne Blätter. Er enthält Mineralstoffe, Vitamine und Senfölglykoside, wirkt vorbeugend gegen Krebs und lindert Erkältungskrankheiten, Magenleiden, Ekzeme und Darmträgheit. Schwarzkohl sieht sehr dekorativ aus und ist wesentlicher Bestandteil der toskanischen Gemüse- und Brotsuppen. Wenn Sie keinen Schwarzkohl bekommen können, probieren Sie es mit Grünkohl, der ihm am ehesten entspricht. Oder noch besser: Fragen Sie Ihren Gemüsehändler, ob er Ihnen *Cavolo nero* – wie er in Italien heißt – besorgen kann.

Sellerie (Stangensellerie, Bleichsellerie)

Stille Liebe. Die Toskaner mögen Stangen- oder Bleichsellerie lieber als Knollensellerie. Vielleicht, weil er als Knolle erst seit dem 16. Jahrhunderts gezüchtet wird oder aber weil in den Blättern und Stängeln mehr Calcium, Bitterstoffe und insulinähnliche Hormone vorhanden sind. Damit regt Sellerie nicht nur Appetit, Stoffwechsel und die inneren Drüsen an, sondern reinigt auch das Blut und die Nieren.

Außerdem stärkt Sellerie die Nerven, hemmt Entzündungen und lindert die Symptome von Arthritis und Gicht.

Spargel, grüner

»Für Leckermäuler« – so beschrieb ihn der niederländische Maler Hieronymus Bosch im Mittelalter. Und das ist er auch geblieben, der grüne Spargel, den man in der Toskana so schätzt. Er enthält noch mehr Vitamine und Mineralstoffe bis hin zu Jod als der weiße Spargel – ideal für Gaumen und Gesundheit. Das macht ihn mild tonisierend, aktiviert die Nieren und beruhigt Herz und Nerven. Außerdem regt er die Verdauung an und seine Aminosäure Asparagin löst Harnsäurekristalle aus Nieren und Muskulatur.

Spinat

Die verborgene Delikatesse. Frisch muss er sein und richtig zubereitetet will er werden, dann schmeckt Spinat nicht nur köstlich, sondern ist auch sehr gesund. Da sind nicht nur seine zehn Vitamine und 13 Mineralstoffe, die unter anderem die Blutbildung und das Immunsystem unterstützen, sondern auch noch hochwertiges Eiweiß und die hormonähnliche Substanz Sekretin, die Magen, Galle und Bauchspeicheldrüse anregt. Nicht zuletzt wirken seine Bitterstoffe als Tonikum für Herz, Leber und Nerven.

Tomaten

In aller Munde. Gemessen an der langen Küchengeschichte der Toskana ist die Tomate eine sehr junge Zutat. Erst im 16. Jahrhundert kam sie aus der Neuen Welt – zunächst aber nur als Zierpflanze. Vor gut 200 Jahren eroberte sie von Neapel aus die Toskana und später die Küchen der Welt. Wenn sie nicht aus Monokulturen stammen, sind Tomaten reich an Vitaminen, Mineralstoffen, bioaktiven Substanzen und organischen Säuren. Das regt Leber und Galle an, lindert Erkältungen und hebt die Stimmung.

Zucchini

Ernteschwemme. Aus Mexiko kamen die Zucchini um 1500 nach Europa, wo sie erstmals in Italien auf die Felder und auch auf den Esstisch kamen: Eine besondere Spezialität sind die frittierten Zucchiniblüten. Der Siegeszug dieser Kürbisgewächse (Kürbis heißt auf Italienisch *Zucca)* ist unaufhaltsam, heute wuchern Zucchini im Sommer auch in vielen deutschen Gärten. Kein Wunder, denn sie schmecken nicht nur gut, sondern sind auch pflegeleicht und fast das ganze Jahr zu haben. Und mit Inhaltsstoffen knausern sie ebenfalls nicht: Zucchini enthalten Vitamine, Mineralien und Bitterstoffe. Sie regen den Darm an, helfen bei Rheuma und wirken harntreibend. Außerdem aktivieren sie Leber, Galle und den Hautstoffwechsel.

Käse

»Ein Essen ist kein Essen, wenn man es nicht mit Käse beendet«, heißt es in der Toskana. Aus gutem Grund, denn Käse enthält – in haltbarer Form – noch die meisten der unzähligen gesundheitsfördernden Inhaltsstoffe seiner Ausgangssubstanz Milch: jede Menge Eiweiß, Fett, Mineralstoffe und Vitamine. Bei der Käseherstellung setzte man früher Pflanzen, heute üblicherweise Lab aus Kälbermagen zu, um die Milch dickzulegen. Immer häufiger wird dieser Zusatz aber auch gentechnisch hergestellt. Für alle, die Produkte von getöteten Tieren ablehnen und sich darüber hinaus gentechnikfrei ernähren wollen, gibt es aber Alternativen: Fragen Sie nach Käse, der mit mikrobiellem Lab hergestellt wurde.

Pecorino ist ein milder Käse aus Schafsmilch. Man bekommt ihn in zwei Reifestufen: frisch *(fresco)* und gereift *(stagionato)*. Sein Lab zum Eindicken stammt traditionell von wilden Artischocken *(Cynara cardunculus)* oder Labkraut *(Galium verum)*. Das schmeckt weitaus würziger und ist tierfreundlicher als der *Pecorino romano,* bei dem die Milch mit Kälberlab zur Gerinnung gebracht wird.

Mozzarella wird aus Büffelmilch gemacht und stammt aus dem südlicher gelegenen Kampanien. Heute jedoch wird er auch in der toskanischen Maremma hergestellt. Schneeweiß und zart elastisch schmeckt frischer Mozzarella leicht säuerlich. Er wird zwar auch aus Kuhmilch angeboten, doch Toskaner bevorzugen den *Mozzarella di Bufula.*

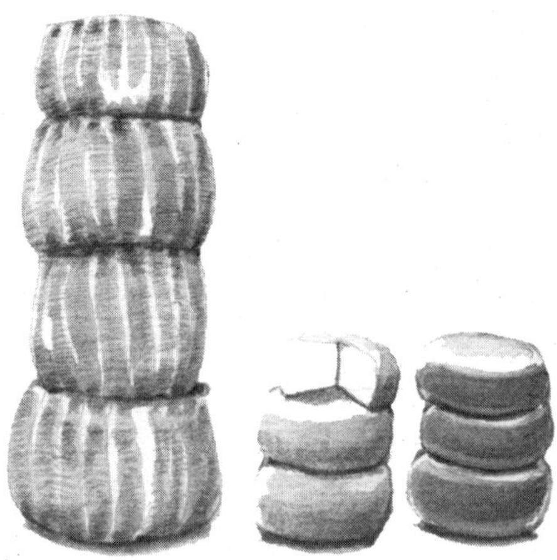

Parmesan *(Parmigiano)* ist ein meist über ein Jahr gereifter Hartkäse aus Kuhmilch.

Er kommt aus der Emilia-Romagna, dem nördlichen Nachbarn der Toskana, wird inzwischen aber auch von den Toskanern sehr geschätzt, zum Beispiel für Nudelgerichte, *Ribollita* und *Minestrone.* Kaufen Sie ihn am besten am Stück, denn frisch gerieben schmeckt er am aromatischsten.

Ricotta heißt der typisch toskanische Quark aus Schafsmilch und -molke, die bei der Herstellung von Pecorino anfällt. Er glänzt vor allem mit seinen hohen Anteilen an Calcium und Phosphor. Ricotta ist viel fester als Quark aus Kuhmilch und ideal zum Füllen von *Tortelli, Ravioli,* Gnocchi oder für einen Auflauf geeignet. Wenn Sie keinen Ricotta bekommen können, tut es auch ein festerer Schichtkäse.

Nüsse

Nüsse haben es in sich. Die kleinen Kraftpakete besitzen einen extrem hohen Eiweißgehalt, zahlreiche Vitamine, Enzyme mit Hormoncharakter sowie sehr viele der so gesunden, herzfreundlichen ungesättigten Fettsäuren. Kein Wunder, dass sie von allen Toskanern geschätzt werden.

Mandeln

Der Favorit. Von allen Nusssorten sind Mandeln am beliebtesten. Noch heute schenkt man den Hochzeitsgästen in vielen Gegenden Italiens einige mit weißem Zuckerguss überzogene Mandeln, eingepackt in ein Stückchen Brautschleier. Mandeln geben Lebenskraft, sind gut für die Augen und stärken Nerven, Gehirn und Körper. Auch in der Schwangerschaft, nach der Geburt und bei Menstruationsbeschwerden schätzt man sie als Kraftquellen. Die toskanische Küche verwendet Mandeln gerne in Kuchen, Gebäck und Konfekt. Da konventionelle Mandeln fast ausnahmslos mit Methylbromid oder Phosphorsäureester begast werden, empfehlen wir Mandeln aus kontrolliert biologischem Anbau.

Maronen (Esskastanien, Edelkastanien)

In der Garfagnana, der Bergregion in der Provinz Lucca, findet man seit alters her noch ganze Edelkastanienwälder. Dort werden die Maronen geschält, in Darrhäusern getrocknet und zu Mehl vermahlen. Die Toskana kennt viele Kastanienspezialitäten. Frische Maronen gibt es zur Herbstzeit auf dem Markt und im gut sortierten Obst- und Gemüsegeschäft. Kastanienmehl *(Farina di Castagne)* bekommen Sie in italienischen Feinkostgeschäften – oder Sie bringen es bei Ihrem nächsten Toskana-Urlaub selbst mit. Die heilige Hildegard von Bingen empfiehlt Edelkastanien als »Universalmittel« gegen eine Vielzahl von Beschwerden.

Pinienkerne
Die Kraftpakete. Wer kennt sie nicht, die bis zu 25 Meter hohen Schirmpinien. Die Bäume tragen Zapfen, aus denen nach dem Trocknen die kleinen, elfenbeinfarbenen Kerne herausgeschüttelt werden. Mit ihrem Vitamin-B_1-Anteil und über 45 % Fett übertreffen Pinienkerne jede andere Nussart. Das macht sie so wertvoll für Stoffwechsel, Nerven und in der Rekonvaleszenz. Die Kerne werden gerne zum Backen von Kuchen und Gebäck oder zum Garnieren von Obst-, Gemüse- und Salatgerichten verwendet.

Walnüsse
Weit gereist. Ursprünglich an den Hängen des Himalaja heimisch, kam der Walnussbaum über den Nahen Osten und die Römer schließlich nach Italien. In der Toskana findet man ihn noch heute auf jedem Höfchen. Naturbelassene Walnüsse sind meist etwas kleiner und – da sie nicht gebleicht und behandelt werden – etwas dunkler als konventionell behandelte. Walnüsse liefern Energie und stärken Nervensystem, Gehirn und das allgemeine Wohlbefinden. Daneben beugen sie Arteriosklerose vor, reinigen den Verdauungstrakt und helfen bei Gallenbeschwerden, Lymphstauungen und Hautausschlägen.

Kräuter und Gewürze

Kräuter und Gewürze gehören zu den wertvollsten Gaben, die Mutter Erde für uns bereithält – und dies sogar in verschwenderischer Fülle. Kräuter und Gewürze machen Schwache wieder stark, Erschöpfte wieder frisch, Traurige wieder heiter und in vielen Fällen Kranke wieder gesund. Es lohnt sich immer, ein paar eigene frische Kräuter zu haben – im eigenen Garten oder auf der Fensterbank. Ihre Geschmacksnuancen und Heilwirkungen verdanken unsere Küchenhelfer neben Gerb- und Bitterstoffen, Chlorophyll, Saponinen, Glykosiden, Mineralstoffen und Vitaminen vor allem ihren ätherischen Ölen. Lesen Sie selbst, welche Kräuter und Gewürze die Toskaner schätzen und wie sie unserer Gesundheit dienen.

Anis
Griechen, Etrusker, Römer – alle schätzten den scharf süßen Anis. In der Toskana mag man ihn gerne in süßem Gebäck. Neben 2 bis 3 % ätherischen Ölen findet man in Anis noch Fett, Eiweiß und Fruchtzucker. Die grünlich grauen

Anissamen regen den Appetit an, stärken den Magen und fördern die Verdauung. Anis entgiftet, wirkt harntreibend und fördert die Milchbildung bei stillenden Müttern. Und über die Muttermilch überträgt sich seine entblähende und entkrampfende Wirkung auf den Säugling.

Asafoetida (Asant)

Mit Karawanen kam das aromatische Gummiharz schon früh den weiten Weg aus Indien und Persien bis in die Toskana. Auf den Speisezetteln des römischen Weltreiches war Asafoetida eines der am meisten verwendeten Gewürze überhaupt. Nördlich der Alpen kannte man den erstarrten Milchsaft aus den Stängeln und Wurzeln des Riesenfenchels zunächst nur in der Heilkunde. Asafoetida regt nicht nur die Verdauung an, sondern stärkt auch die Gedächtniskraft, lindert Schmerzen, Schwellungen und Blähungen und hilft bei Frauenbeschwerden. Erst das englische Kolonialreich brachte den Asant auch in die mitteleuropäische Küche. Sein beißender Geruch verschwindet übrigens beim Erhitzen. Geschmacklich erinnert Asafoetida an Knoblauch oder Zwiebeln.

Basilikum

Alexander der Große war es, der das Königskraut (König heißt auf Griechisch *Basileus)* von Indien nach Europa brachte. Wann immer es um Geschmack und Gesundheit geht, darf Basilikum nicht fehlen – selbst Boccaccio erwähnt ihn in seinem *Decamerone.* Basilikum enthält reichlich ätherische Öle, unter anderem Kampfer, dazu Gerbsäure und Saponine. Man setzt ihn gern bei Blähungen, Magenverstimmungen, Verstopfung, aber auch bei Nervosität, Angstzuständen, Depressionen und Schlaflosigkeit ein. Auch das Denkvermögen kann durch Basilikum gesteigert werden. Frisch und erst kurz vor dem Servieren hineingegeben, ist Basilikum am wirkungsvollsten und aromatischsten.

Borretsch

»Zur Aufweckung der Lebensgeister« empfahlen die Ärzte im Mittelalter den himmelblau blühenden Borretsch. Neben ätherischen Ölen, Gerbstoffen und Flavonen enthält Borretsch vor allem Kieselsäure. Er reinigt das Blut, hemmt Entzündungen, fördert die Wundheilung und stärkt das Herz. Bei Regelbeschwerden und Hautreizungen wirkt er besänftigend. Außerdem hilft er bei Husten und Heiserkeit – und vertreibt Depressionen.

Estragon

Arabische Händler brachten den aus Fernost stammenden Estragon nach Italien. Simon Genuensis war es, der ihn dort gegen Ende des 13. Jahrhunderts das erste Mal beschreibt. Seitdem kultiviert man den herzhaft würzigen Estragon überall, denn er regt den Appetit an, stärkt den Magen und hebt die Stimmung.

Fenchelsamen

Marathon, der Ort der legendären Schlacht zwischen Griechen und Persern, erhielt seinen Namen von den umliegenden Fenchelfeldern (Fenchel heißt auf Griechisch *marathon*). Auch die Römer schätzten Fenchel so sehr, dass sie ihn überall in ihrem Imperium mitnahmen, und noch heute kultiviert man ihn in der Toskana. Im Geschmack ähneln die länglich blassgrünen Samen mit 2 bis 3 % ätherischen Ölen Anis und Lakritze. Fenchelsamen beruhigen den Darm, lösen Krämpfe und vertreiben Blähungen. Sie töten Keime, helfen bei erschwertem oder brennendem Harnlassen und Menstruationsbeschwerden. Gleichzeitig kräftigen sie Magen, Leber und Milz, beruhigen die Nerven und fördern die Milchbildung stillender Mütter.

Ingwer

In den höchsten Tönen rühmen die jahrtausendealten indischen Veden den Ingwer. Zu Recht, denn die Natur hat Ingwer eine geballte Ladung an Bitterstoffen und ätherischen Ölen mitgegeben. Damit wirkt Ingwer appetitanregend, entschlackend und entblähend. Er pflegt die Darmflora und hilft bei Übelkeit und verdorbenem Magen. Außerdem lindert er Fieber- und Erkältungskrankheiten, hemmt die Blutgerinnung und schützt damit vor Herzinfarkt. Nicht zuletzt senkt er den Cholesterinspiegel und den Blutdruck und wirkt krebsvorbeugend. Kein Wunder, dass den Toskanern um 1550 ein Pfund Ingwer ein ganzes Schaf wert war.

Koriander

Marcus Caelius Apicius, der erste professionelle Kochbuchautor, der rund 150 vor Christus in Rom lebte, empfiehlt Koriander in mehr als 70 verschiedenen Speisen. Auch in der Heilkunde sind Koriandersamen etwas Besonderes. Mit ihren ätherischen Ölen, Tannin, essentiellen Fettsäuren und Vitamin C stärken sie Körper und Herz und regen die Verdauungskraft an. Koriander hat entwässernde, geschmacksverbessernde, fiebersenkende, entkrampfende und durststillende Eigenschaften. Zudem hilft er bei Übelkeit, Asthma, Husten, Rheuma, Schwäche und macht fettreiche Speisen bekömmlicher.

Lorbeerblätter

Der aparte Hauch von Lorbeer – seit den Römern ein Symbol des Erfolgs und der Unvergänglichkeit – ist die Visitenkarte eines erfahrenen Kochs. Wer mit Lorbeer umzugehen weiß, bereichert die Küche um eine gesunde Zutat. Denn Lorbeer spornt den Appetit und die Verdauung an und reinigt das Blut.

Majoran

Zur Römerzeit gehörte Majoran zu den zehn beliebtesten Küchenkräutern. Mit seinen würzigen ätherischen Ölen, Gerb- und Bitterstoffen macht Majoran Speisen bekömmlicher und beruhigt die Nerven. Außerdem besänftigt er Magen- und Regelbeschwerden, lindert Zahnschmerzen und hilft bei Schnupfen und Husten.

Minze

»Es ist einfacher, die Fische im Roten Meer zu zählen, als alle Heilkräfte und Arten der Minzen zu nennen«, bekannte bereits im 9. Jahrhundert ein gartenkundiger Mönch. Am verbreitetsten sind neben der Pfefferminze Polei-, Zitronen-, Krause-, Apfel- und Ingwerminze. Ihre ätherischen Öle (insbesondere Menthol) lösen Krämpfe, lindern Schmerzen, vertreiben Blähungen und wirken desinfizierend. Die Gerbstoffe helfen bei Durchfall, und Bitterstoffe und Flavonoide aktivieren Leber und Galle. Wenn es um die Anregung der Verdauung geht, wird Minze ebenso empfohlen wie bei Appetitlosigkeit, Gallensteinen, Magenschleimhautentzündungen und Koliken.

Muskat

Im Mittelalter gehörten Muskatnüsse zu den kostbarsten Gewürzen: Ein Kilogramm kostete eine Kuh oder sechs Schafe. Aus diesem Grunde verheimlichten die arabischen Gewürzhändler lange seine Herkunft, bis die europäischen Seemächte selbst den Seeweg nach Indien entdeckten. Mit seinen ätherischen Ölen wirkt Muskat antiseptisch, fördert die Verdauung, vertreibt Blähungen, beruhigt und löst Muskelkrämpfe, insbesondere im Bauchbereich. In der Küche und Heilkunde schätzt man Muskat allerdings nur in kleinen Mengen; ein Zuviel schmeckt nicht nur bitter, sondern wäre auch der Gesundheit nicht zuträglich.

Muskatblüte

Macis, wie die Muskatblüte auch genannt wird, ist der orangefarbene, getrocknete Samenmantel der Samen des bis zu zehn Meter hohen immergrünen Muskatbaums. Die Muskatblüte enthält sogar noch mehr ätherisches Öl als die Muskatnuss bei gleichen Heilwirkungen. Wie die Nuss sollte man auch Macis sehr sparsam verwenden.

Gewürznelken

Gewürznelken sind die getrockneten Knospen des indonesischen Gewürznelkenbaums. Gewürznelken sind reich an ätherischem Öl. Sie wirken keimtötend, beruhigen, lindern Zahnschmerzen, stärken das Zahnfleisch und beseitigen Mundgeruch. Daneben haben Nelken entgiftende, appetitanregende, harntreibende, verdauungsfördernde, verjüngende und blutreinigende

Eigenschaften. Sie stimulieren das Nervensystem und stärken Herz, Kreislauf und Immunsystem.

Oregano (Wilder Majoran, Dost)

Oregano wächst zwar fast überall in Europa wild, doch am würzkräftigsten ist er in Italien, wo er in vielen Rezepten ein Muss ist. Und gesund ist er außerdem, denn Oregano hilft nicht nur Appetit und Verdauung auf die Sprünge, sondern auch bei Magen- und Darmerkrankungen, Erkältungen, Husten und Asthma. Selbst der Psyche tut er gut, weshalb man ihn früher auch Wohlgemut nannte.

Peperoncino (Chilipulver)

Vorsicht scharf! Noch schärfer als Peperoni ist Peperoncino, das Pulver aus getrockneten Chili- oder Gewürzpaprikaschoten. Und das hat es in sich: neben reichlich Vitamin C, Carotin und Citrin noch etliche Aromastoffe. Damit regt Peperoncino den Appetit an, macht fette Speisen leichter bekömmlich und hilft bei Erkältungen, Husten und Nebenhöhlenbeschwerden. Höchst interessant ist auch, dass Chilipulver Schmerzen lindert und das Herzinfarktrisiko vermindert.

Peperoni (Chili, Cayennepfeffer)

Manche mögen's scharf. Die frischen italienischen Peperoni sind nicht ganz so feurig wie die kleineren, frischen Chilischoten aus Indien. Eine vorsichtige Dosierung empfiehlt sich aber auch bei Peperoni. Für die Gesundheit sind sie so vorteilhaft wie Peperoncino.

Petersilie

Petersilie kultivierte schon das voretruskische Villanova-Volk in Italien. Und von Plinius wissen wir, wie sehr man sie in römischen Küchen schätzte. Aus gutem Grund, denn ein Esslöffel gehackte Petersilie deckt fast ein Drittel des empfohlenen Tagesbedarfs an Vitamin C. Außerdem ist sie ein Schatzkästchen an B-Vitaminen und Mineralien, allen voran das herzfreundliche Kalium. Dazu kommen noch Bioflavone, die die Gefäße schützen, Entzündungen hemmen und antiallergisch wirken, sowie Stoffe mit natürlichen östrogenartigen Eigenschaften. Im Mittelalter behandelte man mit Petersilie vor allem Verdauungsstörungen und Harnwegserkrankungen.

Pfeffer

Jahrhundertelang suchte man nach dem Land, wo der Pfeffer wächst, denn Pfeffer und viele andere indische Gewürze wurden in Europa stückweise gehandelt, so teuer waren sie. Durch Pfeffer wurden die Gewürzhändler und mit ihnen die Städte Oberitaliens reich. Was ihn so begehrenswert macht, ist eine besondere Kombination aus ätherischen Ölen, Piperin, Fermenten und Harzen. Pfeffer regt nicht nur Appetit, Verdauung und Kreislauf an, sondern stillt auch Schmerzen. Außerdem lindert er Husten, Asthma und Erkältungen, er entschlackt und macht munter.

Rosmarin

»Ros Maris« (Tau des Meeres) – so besingen die Menschen am Mittelmeer seit alten Zeiten den duftenden Rosmarin. Sein Hauptwirkstoff ist ein ätherisches Öl, das den »Rosmarin-Kampfer« enthält, ferner Bitter- und Gerbstoffe, Saponine und krebshemmende Flavonoide. Rosmarin wirkt appetitanregend, verdauungsfördernd und antiseptisch, regt den Gallenfluss an und hilft entwässern. Toskanische Ärzte empfahlen ihn auch bei Kopfschmerzen, Erkältung, Zahnschmerzen und Schweißausbrüchen. Sogar Niedergeschlagenheit und Müdigkeit kann er ohne weiteres vertreiben.

Safran

Im mittelalterlichen Florenz wurde als Sicherheit für einen Kredit eher Safran anerkannt als Immobilien. Jede Blüte des ursprünglich aus Kaschmir stammenden Krokus enthält nämlich nur drei bis vier Safranfäden. Dies macht ihn so teuer. So kamen die Toskaner im Mittelalter auf die Idee, ihn selbst anzubauen: in der Gegend von San Gimignano. Beliebt ist sein Geschmack, eine Kombination aus angenehm Scharf, leicht Bitter und zugleich honigartig Süß. Schon die altindischen Ayurveda-Ärzte schätzten seine schmerzstillende, krampflösende, antiseptische, leicht abführende und harntreibende Wirkung. Safran stärkt Herz und Magen und wirkt vitalisierend, auch auf Blutbildung, Kreislauf, Leber, Milz und die weiblichen Unterleibsorgane. Selbst einer überanstrengten Psyche hilft er wieder auf die Beine.

Salbei

»Wer Salbei baut, den Tod kaum schaut.« Der Volksmund verdeutlicht, dass Salbei nicht nur eine wichtige Gewürzpflanze, sondern auch eine Heilpflanze ist. Seine ätherischen Öle und Gerbstoffe hemmen Entzündungen und wirken sogar bakterien- und pilztötend. Salbei regt den Appetit an, fördert die (Fett-)Verdauung und den Stoffwechsel und löst Krämpfe im Magen-Darm-Bereich. Außerdem lindert er Mandel- und Rachenentzündungen, Erkältungen, Asthma und Hitzewallungen in den Wechseljahren.

Sternanis

Im Geschmack und auch in seinen Inhaltsstoffen ähnelt Sternanis dem Anis, obwohl er von einer ganz anderen Pflanze stammt: dem immergrünen Sternanisbaum in Südostasien. Nach Europa kam Sternanis das erste Mal 1588 mit englischen Seefahrern.

Sumach

Etrusker und Römer wie der bekannte Kochbuchautor Apicius wollten auf Sumachpulver in der Küche nicht verzichten. Die roten, getrockneten und grob gemahlenen Beeren des mediterranen Gerber-Sumachstrauches ergeben ein fruchtig säuerliches Gewürz. Im Mittelalter hatten sich auch seine Heilwirkungen bereits so herumgesprochen, dass man ihn in Apotheken bekam. Seine Gerbstoffe und ätherischen Öle regen nicht nur den Appetit und die Leber an, sondern besänftigen auch Magen- und Darmbeschwerden.

Thymian

Es hatte mehrere Gründe, dass die Etrusker und Römer in ihren Gärten Thymian anbauten. Sie würzten mit ihm nicht nur ihre Speisen, sondern benutzten seine desinfizierenden und antibakteriellen Eigenschaften auch, um ihren Käse und ihr Getreide zu konservieren. Zusätzlich machten sie sich seine besondere Kombination von Thymol und Gerb- und Bitterstoffen bei Erkältungen, Halsentzündungen und Husten zunutze. Thymian lindert Kopf- und Gelenkschmerzen und stärkt Herz und Darm. Auch einer angeschlagenen Psyche tut er gut.

Vanille

Die Azteken verwendeten Vanille jahrhundertelang als Gewürz, in Europa kamen wir erst Anfang des 16. Jahrhunderts in ihren Genuss. Die echte Vanille (die Schoten einer Orchidee) kann durch nichts ersetzt werden. Die 35 bisher bekannten Bestandteile, aus denen sich ihr Aroma zusammensetzt, lassen sich synthetisch nicht vollständig imitieren. Die aromatischste Vanille stammt aus Réunion, dem früheren Bourbon. Vanille regt den Appetit an, stärkt den Magen, fördert die Verdauung und stimuliert die Nieren. Wer die ganze Schote verwendet: einfach die Schote aufschlitzen und das Mark mit der Messerspitze herausschaben.

Zimt

Zimt ist die entkorkte Rinde von jungen Zimtbaumtrieben. Obwohl die Herstellung sehr arbeitsintensiv ist, ist Zimt eines der ältesten Gewürze, das über die Seiden- und Gewürzstraßen Innerasiens bis in die Toskana kam. Mit seinen Inhaltsstoffen bringt Zimt Appetit, Stoffwechsel und Kreislauf in Schwung. Er reinigt Blut und Haut, wirkt schmerzstillend und beruhigend. Seine keimtötenden Eigenschaften erfrischen Mund und Zähne und helfen bei Erkältungskrankheiten, Husten und Asthma. Man findet Zimt in Rezepturen gegen Herzkrankheiten, Hämorrhoiden, Nesselsucht, Ödeme und Menstruationsbeschwerden. Selbst dem Gedächtnis und der Lebensenergie hilft er wieder auf die Sprünge.

Hinweise zu den Rezepten

Die Rezepte für dieses Buch basieren ohne Ausnahme auf typisch toskanischen Gerichten. Wir haben uns aber erlaubt, sie manchmal etwas zu modifizieren. Alle verwendeten Zutaten erhalten Sie im Naturkostladen oder im Reformhaus.

Für Eilige: Dinkelreis

In vielen Rezepten (beispielsweise Dinkelsuppe mit Tomaten oder Dinkelsalat mit Rucola) verwenden wir schnellkochenden Dinkel, der unter der Bezeichnung »Dinkelreis« angeboten wird. Dazu wird der Dinkel schonend entspelzt, bei niedrigen Temperaturen gedämpft und angequetscht. Durch die Bearbeitung verkürzt sich die Kochzeit erheblich: Er braucht nur noch 15 Minuten. Nach dem Kochen hat Dinkelreis eine ähnlich weiche Konsistenz wie Gerstengraupen. Ein weiteres Plus für Eilige: Er muss nicht eingeweicht werden.

Wer lieber die ungequetschten, ganzen Dinkelkörner verwendet, sollte sie vorher über Nacht oder mindestens 12 Stunden in Wasser einweichen. Die anschließende Kochzeit beträgt 1 – 1½ Stunden (im Schnellkochtopf etwa 50 Minuten). Die weich gekochten Dinkelkörner bleiben im Kern bissfester als ihre schnellkochenden Geschwister.

Getrocknete Bohnen

Getrocknete Bohnen sollten vor dem Kochen immer wenigstens 12 Stunden einweichen.

Sojamehl statt Ei

In einigen wenigen Rezepten (beispielsweise Reistorte mit Äpfeln), in denen man in der Toskana Eier verwendet, haben wir uns für die pflanzliche Variante entschieden: Sojamehl. Es wird in Wasser angerührt und dann mit den restlichen Teigzutaten vermischt.

1 EL Sojamehl und 2 EL Wasser oder Milch entsprechen etwa einem Ei.

Vollrohrzucker und Roh-Rohrzucker

Zum Süßen verwenden wir – ganz in der Tradition der Toskana – am liebsten Vollrohrzucker, weil er neben Honig das natürlichste und gesündeste Süßungsmittel ist.
Bei den wenigen Gerichten, bei denen Vollrohrzucker allerdings geschmacklich oder farblich zu sehr dominieren würde, haben wir auf den nicht mehr ganz so vollwertigen Roh-Rohrzucker zurückgegriffen. Doch können Sie bei diesen Rezepten ebenso Vollrohrzucker benutzen.

Agar-Agar statt Gelatine

Immer dann, wenn üblicherweise Gelatine als Bindemittel verwendet würde, haben wir als pflanzliche Alternative Agar-Agar gewählt. Es wird in Pulver- oder Flockenform angeboten und hat ein großes Bindevermögen. Darüber hinaus ist es auch magen- und darmfreundlich und enthält wertvolle Mineralstoffe.

Carobpulver

Carobpulver ähnelt im Geschmack dem Kakao, ist aber gesünder und bekömmlicher. Carob glänzt mit B-Vitaminen, zahlreichen Mineralstoffen und einem hohen Anteil an fruchteigenem Zucker. Süßspeisen mit Carob müssen deswegen weniger gesüßt werden. Sein Pektin hilft bei Magen- und Darmbeschwerden. Und sein Faserstoff Lignin kann die Blutfettwerte reduzieren.

Mengenangaben zu den benutzten Messlöffeln

1 (gestrichener) EL	=	15 ml oder etwa 15 g
1 (gestrichener) TL	=	5 ml oder etwa 5 g
½ TL	=	2 ml oder etwa 2 g
¼ TL	=	1 ml oder etwa 1g
1 Msp	=	1 Messerspitze

Mit diesem Symbol gekennzeichnete Rezepte sind vegan, das heißt ohne Produkte tierischen Ursprungs.

Mit diesem Symbol gekennzeichnete Rezepte beinhalten eine vegane Variante, das heißt, es ist eine Möglichkeit der Zubereitung ohne Produkte tierischen Ursprungs angeführt.

Hinweise zu den Backtemperaturen

Die angegebenen Temperaturen und Backzeiten gelten für einen Elektrobackofen mit Ober- und Unterhitze. Bei anderen Arten der Hitzezufuhr richten Sie sich bitte nach den Herstellerangaben für Ihren Ofen.

Antipasti – Vorspeisen

Vorspeisen sind die Visitenkarten einer jeden leckeren Küche, ganz besonders gilt dies aber in der Toskana, wo jede und jeder Gourmet und Kochkünstler zugleich ist. In der Toskana nimmt man deswegen auch gerne einen etwas weiteren Weg in Kauf, wenn dadurch das knusprige toskanische Landbrot frisch aus der Bäckerei kommt oder das aromatische Dipgemüse ganz frisch vom Markt. Nicht umsonst sagt man dort: Wer gut zu essen weiß, weiß auch gut zu leben.

Schnelles Dipgemüse

Pinzimonio

Die Toskaner sind vielleicht nicht gerade die Erfinder der Rohkost, doch frisches Dipgemüse als kalte Vorspeise genießt dort jeder mit Begeisterung, solange man nur frisches Gemüse aus dem Garten bekommen kann. Jeder Gast bekommt ein kleines Schälchen mit leicht gewürztem *Olio extra vergine* und kann sich dann von der gemischten Gemüseplatte nach Belieben bedienen. Bissen für Bissen wird das Gemüse eingetaucht. Erlaubt sind alle Gemüse, die sich zum Rohessen eignen. Mehr wertvolle Vitamine und bioaktive Stoffe bringt man kaum auf den Essteller.

Pro Person

150 g Gemüse nach Wahl, wie:
Bleichsellerie, Fenchel, Chicorée, Gurke, Radieschen, kleine Artischocken, Paprika, Rettich
Olivenöl
Meersalz
schwarzer Pfeffer
eventuell Zitronensaft

1) Gemüse waschen und in schmale längliche Stücke schneiden. Auf einer großen Platte sortenweise nebeneinander anrichten.
2) Für jede Person ein kleines Schälchen bereitstellen. So kann sich jeder seine eigene Mischung aus kalt gepresstem Olivenöl, einer Messerspitze Meersalz und einem Hauch frisch gemahlenem Pfeffer aus der Mühle zusammenstellen.
3) Wer möchte, kann auch einige Tropfen Zitronensaft dazugeben, doch echt toskanisch ist es ohne.

Artischockentipp: Wenn Sie frische kleine Artischocken verwenden möchten, empfiehlt es sich, diese 30 Minuten vorher in Olivenöl einzulegen. Dazu die Artischocken waschen, harte Blätter entfernen und die harten Blattspitzen mit einer Schere abschneiden. Stiel schälen und die Artischocke in dünne Scheiben schneiden. In Olivenöl mit etwas Zitronensaft, Salz und Pfeffer einlegen und mindestens 30 Minuten ziehen lassen.

Geröstetes Brot mit Olivenöl

Bruschetta

Bruschetta haben schon den Etruskern geschmeckt. *Bruschetta* – auch *Fettunta, Panunto* oder *Fegolotta* genannt – haben in der Toskana Tradition, vor allem im Spätherbst und Winter, wenn es frisch gepresstes, neues Olivenöl gibt. *Abbondante,* in großzügigen Mengen, kommt es über das knusprige toskanische Landbrot. Als kalt gepresstes Jungfernöl, *Olio extra vergine,* tut es nicht nur Leber und Galle gut, sondern auch dem Herz. Am allerbesten schmeckt Bruschetta, wenn man die Brotscheibe – so wie früher – auf einem Grill am offenen Kamin röstet. Der Rauch von Oliven- oder Zypressenholz mit Lorbeerzweigen verleiht ihr dann einen ganz besonders würzigen Geschmack.

Für 4 Personen

8 Scheiben toskanisches Landbrot *(siehe Seite 53)* *oder Ciabattabrot*
Olivenöl
1 Knoblauchzehe, falls gewünscht

Zum Bestreuen:
Meersalz
schwarzer Pfeffer

1) Backofen oder Grill auf 200 – 220 °C vorheizen. Brotscheiben auf ein Gitter legen und etwa 8 Minuten goldbraun rösten. Gelegentlich die Scheiben wenden, damit sie von beiden Seiten gebräunt werden.

2) Jede Brotscheibe mit reichlich Olivenöl beträufeln. Falls gewünscht, mit einer geschälten Knoblauchzehe einige Male über die Brotscheiben fahren, bis diese eine Spur Knoblauch angenommen haben. Mit einer Prise Meersalz und frisch gemahlenem Pfeffer aus der Mühle bestreuen. Sofort servieren.

Tipp: Wer will, kann die Brotscheiben auch in einer Pfanne mit heißem Olivenöl rösten und anschließend mit Salz und Pfeffer bestreuen.

Crostini mit Oliven-Meerrettich-Paste

Crostini con salsina di olivi e rafano aus Florenz

Immer, zu jedem Essen und in vielen Rezepten: Brot muss in der Toskana auf dem Tisch stehen. Möglichst ein kräftiges toskanisches Landbrot, für das man gerne auch einen etwas weiteren Weg in Kauf nimmt, um es frisch von der Bäckerei zu holen. Übrigens, der Name *Crostini* kommt vom krustig knusprig gebackenen Brot.

Und Oliven sind ebenso wichtig: Sie sind nicht nur leicht und bekömmlich, sondern stärken auch Nerven, Leber und Galle.

Für 4 Personen

8 Scheiben toskanisches Landbrot (siehe Seite 53) oder Ciabattabrot
etwas Olivenöl
150 g schwarze Oliven
1 Handvoll frische Petersilie
1 Handvoll frische Basilikumblätter
2 EL Tomatenmark
¼ TL schwarzer Pfeffer
½ TL Meersalz
1 – 2 EL Olivenöl
1TL – 1EL Gemüsemeerrettich (aus dem Glas)

1) Backofen auf 200 °C vorheizen. Die Brotscheiben mit etwas Olivenöl beträufeln und auf dem Grilleinschub 8 – 10 Minuten goldbraun und knusprig rösten.
2) Die schwarzen Oliven – falls erforderlich – entsteinen. Petersilie und Basilikum waschen, trockenschütteln und fein schneiden.
3) Nun Oliven, Kräuter, Tomatenmark, Pfeffer und Salz in einem Mixer zu einer feinen Paste pürieren. Das Olivenöl unter die Paste rühren.
4) Je nach Wunsch und Geschmack können Sie den Gemüsemeerrettich entweder gleich mit der Paste mischen oder erst die Olivenpaste auf die gerösteten Brotscheiben streichen und anschließend mit etwas Meerrettich in Perlengröße verzieren.
5) Halbierte Brotstücke auf einer schönen Platte anrichten und als *Antipasti* servieren.

Crostini mit Auberginen-Mandel-Paste

Crostini con salsina di melanzane e mandorle aus Lucca

Toskanisches Landbrot ist eine echte Freude. Es besteht aus schmackhaftem Vollkornmehl, ist kernig und herzhaft, mit fester Krume und röscher Kruste. Seit Etruskerzeiten baut man Dinkel, den Urweizen, in der Region von Lucca an. Auch für Cäsars Legionen war er ein wertvolles Grundnahrungsmittel. In der Toskana liebt man *Crostini* aus diesem kräftigen Landbrot.

Für 4 Personen

8 Scheiben toskanisches Landbrot (siehe Seite 53) oder Ciabattabrot
etwas Olivenöl
3 EL in Salz eingelegte Kapern
40 g Mandeln
200 g Auberginen
75 g grüne Oliven
15 frische Basilikumblätter
1 Knoblauchzehe, falls gewünscht
½ TL schwarzer Pfeffer
¾ TL Meersalz
1 Prise Peperoncino (Chilipulver)
3 – 4 EL Olivenöl
3 EL frische Thymianblätter

1) Backofen auf 200 °C vorheizen. Die Brotscheiben mit etwas Olivenöl beträufeln und auf dem Grilleinschub 8 – 10 Minuten goldbraun und knusprig rösten.
2) Kapern waschen und in etwas Wasser einweichen. Mandeln in kochend heißem Wasser 2 Minuten ziehen lassen. Mit kaltem Wasser abschrecken und die Haut der Mandeln abziehen.
3) Auberginen waschen, abtrocknen und mit einer Küchenzange über einer Gasflamme rösten, bis die Schale rundherum schwarz und blättrig ist. Die Schale entfernen und die Auberginen in Würfel schneiden. (Oder Auberginen der Länge nach halbieren, im Backofen bei 220 °C 20 – 25 Minuten grillen und das Fruchtfleisch mit einem Löffel herausschaben.)
4) Oliven, Mandeln, Auberginenstücke, Basilikum und eventuell geschälten Knoblauch in einem Mixer zu einer feinen Paste pürieren. Pfeffer, Salz, Peperoncino, abgetropfte Kapern, Olivenöl und Thymian mit der Paste verrühren und auf die gerösteten und halbierten Brotscheiben streichen.

Crostini mit Zucchini, Tomaten und Oliven

Crostini con zucchini, pomodori e olive

aus San Gimignano

Andere Zeiten andere Sitten. Für die toskanischen Bauern des Mittelalters war Salz wegen des staatlichen Salzmonopols sehr teuer. Sie machten aus der Not eine Tugend und gewöhnten sich an salzloses Bauernbrot, das sie im Winter am offenen Kamin über einem Grill goldbraun rösteten. Durch Kräuter aus dem Garten bekam es einen würzigen Geschmack und auch der Gesundheit wurde so guter Dienst getan. Majoran macht die Speisen bekömmlicher und beruhigt die Nerven, Basilikum regt den Magen und die Verdauung an und Thymian beugt Erkältungen vor und bringt das Herz und die Stimmung wieder in Schwung. Hier ein Rezept aus San Gimignano, der Stadt mit den hohen Wohntürmen der mittelalterlichen Adelsfamilien.

Für 4 Personen

8 Scheiben toskanisches Landbrot (siehe Seite 53) oder Ciabattabrot
etwas Olivenöl
250 g Zucchini
200 g Tomaten
3 EL Olivenöl
10 gehackte schwarze Oliven
2 EL frische Thymianblätter
1 EL frisch gehackte Majoranblätter
1 EL frisch gehacktes Basilikum
½ TL Peperoncino (Chilipulver)
½ TL Meersalz

1) Backofen auf 200 °C vorheizen. Die Brotscheiben mit etwas Olivenöl beträufeln und auf dem Grilleinschub 8 – 10 Minuten goldbraun und knusprig rösten.
2) Die Gemüse waschen. Zucchini und Tomaten in sehr feine Würfelchen schneiden. Olivenöl in einer Pfanne erhitzen und die Zucchini 5 Minuten goldbraun rösten. Dann Tomatenstückchen, gehackte Oliven, frische Kräuter, Peperoncino und Salz hinzufügen und weitere 5 – 8 Minuten anbraten.
3) Zucchini-Tomaten-Paste auf den gerösteten Brotscheiben verteilen und auf einer schönen Platte anrichten.

Tipp: Streichen Sie die Paste immer erst kurz vor dem Essen auf die Scheiben, damit das Brot auch tatsächlich knusprig frisch auf den Tisch kommt.

Crostini mit Rucola

Crostini verdi

»Der Reiz lag, wie immer in Italien, im Ton, in der Atmosphäre und in der glücklichen Unbeschwertheit, die alle berechtigten Ansprüche und jedwede geforderte Wichtigkeit zu einer vergleichsweise nebensächlichen Frage machten.« Als der englische Schriftsteller Henry James vor gut 100 Jahren Italien und die Toskana besuchte, ließ er sich gerne von der südländischen Mentalität aufmuntern. Auch die leckeren Küchenüberraschungen entgingen ihm nicht, zu denen in der Toskana immer – auf die eine oder andere Art – das Röstbrot *Crostini* gehört. Tomaten bringen organische Säuren und Rucola Vitamine, Mineralstoffe und Spurenelemente wie Selen auf die Speisekarte. Das bringt Kreislauf wie Magen in Schwung, hält frisch und fit.

Für 4 Personen

8 Scheiben toskanisches Landbrot (siehe Seite 53) oder Ciabattabrot
4 EL Olivenöl
150 g Rucola
2 Tomaten
Meersalz
schwarzer Pfeffer

1) Backofen auf 200 °C vorheizen. Die Brotscheiben mit etwas Olivenöl beträufeln und auf dem Grilleinschub 8 – 10 Minuten goldbraun und knusprig rösten.
2) Rucola waschen, abtropfen lassen, trockenschütteln und fein hacken. Tomaten waschen. Eine Tomate halbieren und damit die frisch gerösteten Brotscheiben so einreiben, dass der Tomatensaft in das Brot eindringt.
3) Die zweite Tomate mit einem scharfen Messer enthäuten und in sehr feine Stückchen schneiden.
4) Die Brote mit Rucola belegen und mit den Tomatenstückchen garnieren. Zum Abschluss Salz und frisch gemahlenen Pfeffer darüberstreuen und mit reichlich Olivenöl beträufeln.
5) *Crostini* auf eine schöne Platte legen und sofort servieren, damit sie knusprig bleiben.

Mozzarella-Tomaten mit Basilikum

Pomodori con mozzarella e basilico

»Eigentlich«, so mussten wir uns von alten Toskanern belehren lassen, »ist dies ja eine deutsche Interpretation der toskanischen Küche.« Doch geschmeckt muss es ihnen haben, denn am Ende blieb von dieser kalten Vorspeise aus dem schneeweißen, zart elastischen Käse nichts mehr übrig. Obwohl Mozzarella ursprünglich aus dem südlicheren Kampanien stammt, wird er heute auch in der Maremma hergestellt. Toskaner bevorzugen ihn aus Büffelmilch und bringen auf ihren Esstisch so jede Menge Eiweiß, Mineralstoffe und Vitamine.

Für 4 Personen

400 g Tomaten
150 – 200 g Mozzarella
15 Blätter frisches Basilikum
¼ TL schwarzer Pfeffer
reichlich Olivenöl

1) Tomaten waschen und in Scheiben schneiden. Ebenso Mozzarella in Scheiben schneiden. Tomaten- und Mozzarellascheiben abwechselnd mit je einem frischen Basilikumblatt dazwischen auf einer Platte anrichten.
2) Zum Abschluss mit schwarzem Pfeffer bestreuen und mit reichlich Olivenöl beträufeln.

Tipp: Wenn's schnell gehen soll, sind Sie mit dieser kalten Vorspeise bestens bedient. Dazu einfach noch Brot oder Bruschetta (geröstetes Brot, siehe Seite 42) servieren und genießen!

Gefüllte Zucchiniblüten

Fiori di zucca ripieni

aus Massa Marittima

Nicht nur die toskanische Küche schätzt Köstlichkeiten aus Blüten. Auch in deutschen Kochbüchern des 19. Jahrhunderts fanden sich Rezepte für die Blüten verschiedener Pflanzen. Logisch, denn wenn schon Pflanzen mit so vielen gesunden Inhaltsstoffen aufwarten können, wie viel mehr dann erst ihre Blüten. Hier ein Rezept aus Massa Marittima, Zentrum der Maremma, die für ihren aromatischen Ricotta und Mozzarella weit bekannt ist.

Für 4 Personen

12 – 16 Zucchiniblüten

Für die Füllung:
1 Tomate
200 g Ricotta, Mascarpone oder Doppelrahmfrischkäse
16 fein gehackte schwarze Oliven
4 EL frisch gehacktes Basilikum
3 EL frisch gehackter Salbei
1 EL frische Thymianblätter
Blütenblätter von 4 Ringelblumen
¾ TL schwarzer Pfeffer
½ TL Meersalz
2 EL Olivenöl für die Form
50 g Mozzarella

1) Zucchiniblüten vorsichtig waschen, abtropfen lassen und auf ein Tuch legen. Blütenstempel und Stiele mit einem kleinen Schnitt entfernen. Tomate waschen, mit einem scharfen Messer enthäuten und in sehr kleine Würfelchen schneiden.
2) Backofen auf 200 °C vorheizen. Ricotta in eine Schüssel geben, Tomaten, Oliven, Kräuter, Blütenblätter und Gewürze unterheben. Zucchiniblüten mit der Paste füllen und in eine mit Olivenöl eingefettete Auflaufform geben. Mozzarella in kleine Stückchen schneiden und jede Blüte damit belegen.
3) Blüten 20 – 25 Minuten goldbraun backen. Heiß servieren.

Tipp: Im sommerlichen Italien werden frische Zucchiniblüten mit oder ohne den zarten Zucchini überall angeboten. Hierzulande hält man mit diesem Rezept die Zucchinischwemme im eigenen Garten im Zaum, oder man schließt Freundschaft mit Gartenbesitzern – und lädt sie auch einmal zu einem Blüten-Essen ein. Unwiderstehlich schmecken die Blüten mit Focaccia (siehe Seite 58) als Vorspeise.

Gegrillte Aubergine in Olivenöl

Melanzane all' olio di oliva

aus Florenz

»Obwohl Mona Lisa sehr schön war, brauchte Leonardo noch die Kunst, dass, während er sie abmalte, immer jemand zugegen sein musste, der sang, spielte und Scherz trieb.« Bereits aus der ersten Künstlerbiographie der Welt, von Giorgio Vasari im 16. Jahrhundert geschrieben, sprüht Leonardo da Vincis Ideenreichtum.

Der Kreativität des herausragenden Malers, Bildhauers, Baumeisters, Naturforschers und Ingenieurs gleicht auch die florentinische Küche. Hier ein Rezept mit Auberginen, die zu Leonardos Zeiten gerade aus dem fernen Indien nach Europa und Florenz gelangt waren. Mit ihren zahlreichen Vitaminen, Mineralstoffen und ätherischen Ölen eignen sich Auberginen ideal als Vorspeise.

Für 4 Personen

600 g Auberginen
7 EL Olivenöl
¾ TL Meersalz
½ TL schwarzer Pfeffer
¼ TL Peperoncino (Chilipulver)

1) Auberginen waschen und trockenreiben. Backofen auf 220 °C vorheizen. Auberginen in längliche, dünne Scheiben schneiden und auf den Gittereinschub des Backofens legen. 20 – 25 Minuten grillen und eventuell umdrehen. Die Auberginen sind fertig, wenn das Fruchtfleisch weich ist und einige braune Grillstreifen angenommen hat.

2) Gegrillte Auberginenscheiben auf eine große Servierplatte legen, mit Olivenöl beträufeln und mit Salz, Pfeffer und Peperoncino bestreuen.

Tipp: Auberginenscheiben schmecken immer, sowohl warm als auch kalt, zum Beispiel mit Dinkel-Kartoffel-Brot (siehe Seite 59).

Pizzaschnecken

Pizzette

aus Crete

Renner bei Jung und Alt. Südöstlich von Siena wird die Toskana zu einer ockerfarbenen Landschaft von melancholischem Reiz. Dies ist das Gebiet der Crete, mit wenig Schatten und noch weniger Häusern auf den sonderbar bleichen, erosionszerfressenen Hügeln, die schon die Maler des ausgehenden Mittelalters fasziniert haben. Neben den weidenden Schafen wird dort Weizen angebaut, der nicht umsonst »König der Getreide« heißt. In seiner Vielseitigkeit wird er von keinem anderen Getreide übertroffen.

Noch Oliven und Olivenöl dazu und die Pizzaschnecken werden einem selbst kalt noch aus den Händen gerissen.

Für 18 Pizzaschnecken

Für den Teig:
500 g fein gemahlener Weizen
20 g frische Hefe
275 ml lauwarmes Wasser
6 EL Olivenöl
1 ½ TL Meersalz

Olivenöl für das Backblech und die Arbeitsfläche

Für die Füllung:
500 g Tomaten
5 EL Olivenöl
½ TL Asafoetida, falls gewünscht
¾ TL schwarzer Pfeffer
1 TL getrockneter Thymian
1 TL getrockneter Majoran
1 kleiner Zweig frischer Rosmarin
½ TL Meersalz
100 g schwarze Oliven
240 g Artischockenherzen aus dem Glas (Abtropfgewicht)
250 g Mozzarella
2 EL Kapern in Olivenöl
3 EL frisch gehacktes Basilikum

Tipp: Nicht weitersagen! Pizzaschnecken sind der Renner bei Partys, Picknick, auf Reisen, im Büro oder zu Hause. Am besten schmecken sie natürlich frisch aus dem Backofen, aber auch kalt mit einem knackigen Salat und zu einer Gemüsesuppe.

1) Weizenmehl in eine Schüssel geben und in die Mitte eine Vertiefung drücken. Hefe in die Mulde bröckeln und mit etwas lauwarmem Wasser verrühren. Vorteig zugedeckt 15 Minuten an einem warmen, zugfreien Ort gehen lassen. Anschließend den Vorteig mit dem restlichen lauwarmen Wasser, Olivenöl und Salz zu einem Hefeteig kneten und mit einem Deckel zugedeckt an einem warmen Ort für 45 Minuten gehen lassen, bis sich sein Volumen fast verdoppelt hat.
2) In der Zwischenzeit Tomaten waschen und in kochendem Wasser blanchieren, enthäuten und in kleine Stückchen schneiden. 3 EL Olivenöl in einer Pfanne erhitzen, eventuell Asafoetida einige Sekunden anrösten und darauf Tomaten, Pfeffer, Thymian, Majoran, Rosmarinblätter und Salz hinzufügen. Die Tomatensauce auf mittlerer Hitze köcheln lassen, bis sie etwas eingedickt ist, dann lauwarm abkühlen lassen. Oliven halbieren. Artischockenherzen und Mozzarella klein schneiden. Backblech großzügig mit Olivenöl einfetten.
3) Hefeteig noch einmal kräftig durchkneten. Arbeitsfläche mit Olivenöl einfetten und den Teig zu einem Rechteck von etwa 30 × 50 cm ausrollen. Backofen auf 250 °C vorheizen. Die Teigplatte mit etwas Olivenöl bestreichen und Tomatensauce darauf verteilen (an den Rändern etwa 3 cm frei lassen, vor allem am oberen Rand). Oliven, Kapern, Artischocken, Basilikum und Mozzarella gleichmäßig darüber verteilen. Nun den belegten Teigboden von der Längsseite her aufrollen. Teigrolle in 18 Scheiben schneiden und diese auf das gefettete Backblech legen.
4) Pizzaschnecken bei 250 °C 20 – 25 Minuten backen. Nach dem Backen mit Thymian bestreuen und mit etwas Olivenöl beträufeln.

Kichererbsenfladenbrot mit Rosmarin

Cecina

aus Lucca

Heinrich Heine, der Schriftsteller mit der oft spitzen Feder, ließ sich gern von der Atmosphäre Luccas einfangen. In den engen Straßen, alten Häusern, Türmen, Palästen und romanischen Kirchen, um die man noch heute auf der 4 Kilometer langen Ringmauer promenieren kann, ist das Mittelalter noch immer lebendig. Sicher hat er auch *Cecina,* die Kichererbsenspezialität in und um Lucca, probiert. Zwischen Herbst und Frühjahr kann man in den Luccheser Rosticcerias und Pizzerias diese dampfend heißen Fladenbrote aus Kichererbsenmehl genießen, die im holzbeheizten Pizzaofen langsam vor sich hinbrutzeln.

Für eine Pizza- oder Springform mit 28 – 30 cm Durchmesser

300 g Kichererbsenmehl
550 ml Wasser
1 TL Meersalz
½ TL schwarzer Pfeffer
1 EL frisch gehackter Rosmarin
3 EL Olivenöl
12 schwarze Oliven
Olivenöl für die Form und zum Beträufeln

1) Kichererbsenmehl in eine Schüssel sieben. Zuerst mit wenig Wasser anteigen, damit sich keine Klümpchen bilden. Dann das restliche Wasser dazugießen und zu einem flüssigen Teig von Pfannkuchenkonsistenz rühren. Salz, Pfeffer, Rosmarin, Olivenöl und Oliven (gegebenenfalls entkernen und halbieren) unterrühren.
2) Den Teig mindestens 30 Minuten, am besten 3 Stunden ruhen lassen.
3) Backofen auf 190 °C vorheizen. Eine ofenfeste Form reichlich einfetten und den Teig einfüllen. Das Kichererbsenbrot 45 – 55 Minuten goldbraun backen.
4) Das Fladenbrot einige Minuten abkühlen lassen, aus der Form lösen, in Streifen schneiden und noch warm servieren.

Tipp: Wenn Sie die Backform vor dem Einfüllen des Teiges mit Backpapier auslegen, lässt sich das Fladenbrot später sehr viel leichter aus der Form entfernen. Und richtig lecker schmeckt Cecina als Antipasto zu Oliven und Artischockenherzen oder zu Gemüsegerichten und Suppen.

Toskanisches Landbrot

Pane integrale Toscano

Schatzkammer der Natur. In der alten Toskana war das Brot nie so weiß wie bei uns heute. Verwendet wurde ein Vollkornmehl aus Weizen und Dinkel. Aus gutem Grund, denn das ganze Getreidekorn ist eines der wertvollsten Lebensmittel, das die Natur hervorbringt. Außerdem gibt Mehl aus dem vollen Korn dem Brot eine festere Struktur, einen volleren Geschmack und macht es viel knuspriger. Dem Fremden ist das Landbrot auf den ersten Biss nicht salzig genug, aber er wird es schon bald schätzen – wie die toskanischen Bauern, denen das Salz wegen des staatlichen Salzmonopols im Mittelalter zu teuer gewesen war.

Für ein rundes Brot

500 g Weizen
oder Weizenvollkornmehl
10 – 20 g frische Hefe
300 – 325 ml lauwarmes Wasser
(1 TL Meersalz, falls gewünscht)
Fett für das Backblech

1) Weizen in der Getreidemühle (auf feinster Stufe) mahlen und durchsieben oder Weizenvollkornmehl in eine Schüssel sieben. (Die ausgesiebte Kleie kann anderweitig in der Küche verwendet werden, siehe Tipp.) Die Hefe in lauwarmem Wasser mit etwas Mehl verrühren. Vorteig zugedeckt 10 Minuten gehen lassen.
2) Vorteig mit dem restlichen Mehl durchkneten und zugedeckt etwa 45 Minuten gehen lassen, bis sich sein Volumen verdoppelt hat.
3) Teig noch einmal kräftig durchkneten, zu einem runden oder länglichen Laib formen und auf ein gefettetes Backblech geben. Mit einem Küchentuch bedeckt 20 Minuten gehen lassen. Backofen auf 200 °C vorheizen. Brotlaib vor dem Backen mit lauwarmem Wasser bestreichen und, falls gewünscht, mit einem Messer einschneiden.
4) Landbrot 35 – 40 Minuten goldbraun backen. Anschließend zum Auskühlen auf ein Gitter legen.

Tipp: Mit der ausgesiebten Weizenkleie lassen sich leckere Kartoffel-Pecorino-Frikadellen (siehe Seite 109) zubereiten. Sie können sie aber auch zum Ausstreuen von Kuchenformen verwenden.

Rosmarinschnecken

Ciorcelli al rosmarino

aus Florenz

»Links liegt San Miniato auf der Höhe, rechts geht der Blick in die Ebene hinauf bis nach Pisa mit fernen lichten Bergzügen, dazwischen das ganze Florenz.« Der Kunst- und Literaturhistoriker Hermann Grimm zeigte sich selbst im regnerischen November 1855 begeistert. Nicht nur sanfte Hügel, großartige Bauwerke und beeindruckende Kunstschätze machen Florenz zur Hauptstadt der Toskana, sondern auch seine köstliche Küche. Hier ein besonders leckeres Brötchenrezept, das seine belebende Frische durch die Rosmarinblätter erhält.

Für 6 Brötchen

500 g Weizenmehl Type 1050
2 TL Trockenhefe
1 TL Meersalz
300 ml lauwarmes Wasser
40 g frische Rosmarinblätter
2 EL zimmertemperierte Sahne oder Wasser
Fett für das Backblech

1) In einer Schüssel Mehl mit Trockenhefe und Salz mischen. Nach und nach das lauwarme Wasser zugeben und alles zu einem geschmeidigen Teig kneten. Schüssel zugedeckt an einem warmen und zugfreien Ort 1 Stunde gehen lassen, bis sich das Teigvolumen etwa verdoppelt hat.
2) Die Rosmarinblätter kräftig unter den Brötchenteig kneten und diesen in 6 gleiche Stücke teilen. Jedes Teil zu einer länglich flachen Rolle formen und diese zu einer Schnecke aufrollen.
3) Die Rosmarinschnecken auf ein gefettetes Backblech legen und 15 Minuten gehen lassen.
4) Backofen auf 200 °C vorheizen. Die Brötchen mit Sahne oder Wasser bestreichen und 30 – 35 Minuten goldbraun backen.

Tipp: Rosmarinschnecken schmecken nicht nur als köstliche Beilage, sondern auch einfach pur mit Butter.

Frittierte Brotstreifen mit Salbei

Intintino con la salvia

aus Arezzo

»Süßes Aretiner Land mit allen Freuden«, sang im 13. Jahrhundert Guittone d'Arezzo, der Vater der modernen Notenschrift. Arezzo im Hochland der Toskana gehört zu den ältesten Städten Italiens; von dort stammt diese aromatisch schnelle Abwandlung von *Bruschetta.* Salbei ist das Geheimnis dieses Rezepts; er ist nicht nur eine wichtige Gewürz-, sondern auch Heilpflanze.

Für 4 Personen

4 Scheiben toskanisches Landbrot (siehe Seite 53)
20 frische Salbeiblätter
150 ml Olivenöl
½ TL Meersalz
¼ TL schwarzer Pfeffer

1) Brotscheiben in fingerlange Streifen schneiden. Salbeiblätter waschen und trockentupfen.
2) Olivenöl in einer Pfanne erhitzen. Darin Salbeiblätter 1 Minute frittieren und auf einen Teller legen. Anschließend Brotstreifen im heißen Öl 3 Minuten frittieren. Zum Abschluss das Brot mit den Salbeiblättern auf einem Teller anrichten und mit Salz und Pfeffer bestreuen.

Tipp: Tipp für ein gemütliches Essen mit Freunden: Richten Sie die Brotstreifen und Salbeiblätter einfach auf einer dekorativen Platte an und stellen Sie in die Mitte des Tisches ein kleines Töpfchen mit heißem Olivenöl auf einen Fonduebrenner. So kann sich jeder Gast seine eigenen Brotstücke und Salbeiblätter frittieren und mit Salz und Pfeffer aus der Mühle würzen. Noch ein paar Oliven, Artischocken und etwas Mozzarella dazu – fertig ist der Antipasto!

Gebackene Polentascheiben

Crostini di polenta

aus Barga

Barga im Garfagnana-Tal hat sich seine alten Tugenden der Bodenständigkeit und Geradlinigkeit bewahrt. 600 Jahre baute man, wann immer es die Mittel zuließen, an dem interessanten Dom mit seiner lombardisch romanischen Fassade – im 15. Jahrhundert schließlich war er beendet. Auch auf kulinarischem Gebiet ist man in der Garfagnana traditionsbewusst. Polenta in allen möglichen Variationen spielt hier schon lange eine wichtige Rolle.

Für 6 Personen

1 l Wasser
1 TL Meersalz
150 ml Olivenöl
200 g Maisgrieß
20 frische Salbeiblätter
2 kleine frische Rosmarinzweige

1) Das Wasser mit Salz und 100 ml Olivenöl zum Kochen bringen. Dann langsam den Maisgrieß hineinrühren und unter gelegentlichem Umrühren etwa 25 Minuten bei niedriger Temperatur köcheln lassen. Kurz vor Ende der Kochzeit die Salbei- und Rosmarinblätter zugeben. (Die fertige Polenta ist ziemlich dickflüssig.)
2) Eine flache Auflaufform oder Schüssel mit 20 ml Olivenöl einfetten, die Polentamasse hineinfüllen, glatt streichen und vollständig auskühlen lassen.
3) Die kalte Polenta auf ein großes Brett stürzen und in 1 cm dicke Scheiben schneiden. (Wer möchte, kann die Polentascheiben auch in Rauten schneiden oder mit einem Glas runde Stücke ausstechen.)
4) Backofen auf 200 °C vorheizen. Polentascheiben auf beiden Seiten dünn mit dem restlichen Olivenöl bepinseln und 20 Minuten goldgelb und knusprig backen. Die fertigen Stücke auf einem Küchenkrepp abtropfen lassen. Auf einer vorgewärmten Platte anrichten und heiß servieren.

Tipp: Gourmets können die Polentascheiben statt im Backofen auch in einer Pfanne mit heißem Olivenöl goldgelb frittieren. Wann immer Sie übrig gebliebene Polenta haben, denken Sie an dieses schmackhafte Gericht.

Salzige Brotstangen

Panzanelle

aus Seravezza

Früher gab es in der Gegend von Seravezza am Fuße der Apuanischen Alpen überall kleine Osterias. In diesen kleinen Gaststätten konnte der Reisende sein Pferd oder Maultier einstellen, bekam einen Schlafplatz und erquickte sich mit einem einfachen Imbiss und Wein. Dort kehrten die Marmorarbeiter ein, wenn sie etwas Stärkung brauchten, auch Michelangelo, der persönlich in den dortigen Marmorbrüchen nach makellos weißem Marmor für seine berühmten Skulpturen suchte. Seravezza Brotstangen sind der ideale Snack auf Reisen, für Kinder, auf Partys oder auch zum Picknick.

Für 4 – 6 Personen

15 g frische Hefe
325 – 350 ml lauwarmes Wasser
500 g ausgesiebtes Weizenvollkornmehl
½ TL Meersalz
½ l Olivenöl zum Frittieren
etwas Meersalz zum Bestreuen

1) Für den Vorteig Hefe mit lauwarmem Wasser und 5 EL Mehl verrühren und 10 Minuten zugedeckt an einem warmen, zugfreien Ort gehen lassen, bis er Blasen wirft. Zusammen mit dem restlichen Mehl und Salz zu einem elastischen Teig kneten und zugedeckt nochmals etwa 60 Minuten an einem warmen Ort ruhen lassen, bis sich das Teigvolumen verdoppelt hat.
2) Teig kräftig durchkneten. Olivenöl in einem großen Topf auf 180 °C erhitzen.
3) Während das Öl heiß wird, die Teigstücke zum Frittieren vorbereiten: Die Hälfte des Teiges dünn (ohne Mehl) ausrollen und mit einem Teigrädchen in 15 cm lange und 3 cm dicke Streifen radeln. Teigstücke nacheinander im heißen, jedoch nicht rauchenden Öl nur wenige Sekunden frittieren, bis sie sich aufgebläht haben und goldbraun, aber nicht zu dunkel sind.
4) Brotstangen in einem Sieb abtropfen lassen, leicht mit Salz bestreuen und auf Küchenkrepp legen, um überschüssiges Öl aufzusaugen (mit der anderen Teighälfte genauso verfahren).

Tipp: Am leckersten schmecken die Brotstangen noch heiß. Und wer sie lieber süß mag, kann sie statt mit Salz mit Roh-Rohrzucker bestreuen.

Focaccia

Toskanisches Fladenbrot

Gar keine Frage: Am besten schmeckt *Focaccia* natürlich aus dem Holzbackofen, so wie man sie seit Jahrhunderten in der Toskana und in ganz Italien aß. War nach stundenlangem Feuern mit Reb- und Olivenholz die richtige Oberhitze für das toskanische Landbrot erreicht, wurde die zu scharfe Unterhitze des Ofens zuerst mit dem dünnen Fladenteig abgebacken. Die traditionell großen Fladen gibt es in unzähligen Variationen. Einmal werden sie mit Salbei belegt gebacken, ein anderes Mal mit ganzen Oliven oder wie hier mit Rosmarinzweigchen. Rosmarin ist aus der toskanischen Küche nicht wegzudenken. Er bringt nicht nur Aroma, sondern regt auch den Appetit an.

Für zwei Brote

20 g frische Hefe
275 – 300 ml lauwarmes Wasser
500 g fein gemahlener Weizen oder Dinkel
1 TL Meersalz
3 EL Olivenöl
Olivenöl zum Beträufeln
2 frische Rosmarinzweigchen
½ TL Meersalz zum Bestreuen

1) Hefe in das lauwarme Wasser bröseln, mit ein paar EL Weizen- oder Dinkelmehl verrühren und zugedeckt an einem warmen, zugfreien Ort 15 Minuten gehen lassen. Den Vorteig mit dem restlichen Mehl, Salz und Olivenöl zu einem elastischen Teig kneten. Zugedeckt an einem warmen Ort 60 Minuten gehen lassen, bis sich sein Volumen verdoppelt hat.
2) Den Teig noch einmal kräftig durchkneten. Auf einer leicht bemehlten Arbeitsfläche zu zwei großen Fladen ausrollen und auf ein gefettetes Backblech legen. Mit den Fingerspitzen kleine Mulden eindrücken und Olivenöl hineinträufeln. Mit Rosmarinblättern belegen und mit Meersalz bestreuen. Fladen 15 – 20 Minuten zugedeckt gehen lassen.
3) Backofen auf 220 °C vorheizen und *Focaccia* etwa 35 Minuten goldbraun und knusprig backen. Zum Abschluss noch einmal mit etwas Olivenöl beträufeln und ofenfrisch servieren.

Tipp: Focaccia können Sie auch mal mit Oliven oder Tomatenscheiben belegen.

Kartoffel-Dinkel-Brot aus Stazzema

Pane di farro e patate

aus Stazzema

Römerstadt mit Flair. Stazzema, die kleine Stadt zwischen der Marmorstadt Massa und dem mittelalterlichen Lucca, ist die Mutter dieses Rezeptes. Seit alters her kennt man die Stadt in Alta Versilia, einem Teil der Apuanischen Alpen, durch ihre Kirche, Silber- und Eisenerzminen und ihren Marmor, der unter anderem auch die Pariser Oper schmückt. Unsere Bekannte Maria Luisi verriet uns dieses alte Bäckerrezept: Kartoffel-Dinkel-Brot wurde immer samstags gebacken, damit es auch am Sonntag noch – wenn die Bäckerei geschlossen hatte – so richtig frisch schmeckte.

Für ein Brot

250 g Kartoffeln
20 g frische Hefe
250 ml lauwarmes Wasser
450 g fein gemahlener Dinkel
2 TL Meersalz
4 EL Olivenöl
Fett für das Backblech

1) Pellkartoffeln kochen. Hefe in das lauwarme Wasser bröckeln und mit einigen EL Dinkelmehl verrühren. Vorteig zugedeckt an einem warmen, zugfreien Ort 15 Minuten gehen lassen.
2) Die lauwarm abgekühlten Kartoffeln schälen und mit einer Gabel zu Brei zerdrücken. Das restliche Dinkelmehl in eine Schüssel geben und mit dem Vorteig verrühren.
3) Nach und nach auch den Kartoffelbrei, das Salz und das Olivenöl zum Teig geben und alles kräftig zu einem elastischen Teig verkneten. Den Teig zugedeckt an einem warmen Ort 1 Stunde gehen lassen, bis sich sein Volumen verdoppelt hat.
4) Brotteig auf einer leicht bemehlten Fläche kräftig durchkneten, zu einem runden Laib formen und auf ein gefettetes Backblech legen. Das Brot mit einem scharfen Messer einschneiden und noch einmal 20 Minuten zugedeckt gehen lassen. Anschließend bei 200 °C 40 – 45 Minuten backen.

Gegrillter Radicchio

Radicchio ai ferri

aus Volterra

»Schatten des Abends« ist der Name der vielleicht schönsten Plastik in der etruskischen Grabstadt vor den Toren Volterras. Besiedelt war der Hügel zwischen Cècina- und Era-Fluss zwar schon vorher, vom Villanova-Volk der frühen Eisenzeit. Aber erst unter den Etruskern und durch den Abbau von Bodenschätzen entwickelte die Stadt großen Wohlstand, der noch heute an den Resten der 7 Kilometer langen Stadtmauer sichtbar ist, die bis zu 11 Meter emporragt. Rom, Mittelalter und Renaissance – jede Epoche hat das Stadtbild von Volterra mit geprägt. Nur an der Küche hat sich nicht viel geändert; hier darf der Radicchio nicht fehlen. Man schätzt ihn nicht nur wegen seiner positiven Auswirkung auf Verdauung, Blutbildung und Kreislauf, sondern auch wegen seines zart-bitteren, nussartigen Geschmacks.

Für 4 Personen

500 g Radicchio
6 EL Olivenöl
¾ TL Meersalz
½ TL schwarzer Pfeffer
200 g Mascarpone
oder Doppelrahmfrischkäse
6 EL frisch gehacktes Basilikum
etwa 2 EL Wasser
1 frische Peperoni
oder ¼ TL Peperoncino
(Chilipulver)

1) Radicchio waschen, vierteln, den bitteren Mittelstrunk entfernen und die Viertel in eine mit 2 EL Olivenöl eingefettete Auflaufform legen.
2) Radicchio jeweils mit 1 EL Olivenöl beträufeln und mit einer Prise Meersalz und etwas Pfeffer aus der Mühle bestreuen.
3) Bei 180 °C 5 Minuten backen. In der Zwischenzeit den Doppelrahmfrischkäse mit Basilikum, Pfeffer, Salz und Wasser verrühren. Die Peperoni waschen, halbieren, entkernen, fein hacken. Peperoni oder Peperoncino mit dem Mascarpone verrühren.
4) Die Mascarponecreme auf die Radicchioviertel geben und weitere 5 – 8 Minuten backen.

Tipp: Eine edle Vorspeise, die immer schmeckt – ob warm oder kalt.

Primi – der erste Gang

Minestre – Suppen

Zwischen halb eins und drei isst man in der Toskana ausgiebig zu Mittag. Schließlich bestand das Frühstück ja nur aus Espresso und vielleicht etwas Gebäck. Nun wird nachgeholt: Im Restaurant mit mindestens vier Gängen, und auch daheim müssen es mindestens zwei Gänge sein. Zum Auftakt gibt es eine leicht leckere Suppe, deren Aroma – wie der Dichter Pietro Aretino schon 1537 begeistert berichtete – »selbst verwöhnte Gaumen zu begeistern weiß.«

Grüne Salatcremesuppe

Zuppa alla lattuga

aus Pisa

Wenn der Kopfsalat im Sommer wie wild in Ihrem Garten wächst, können Sie sich an dieses Rezept erinnern. Schon Etrusker und Römer empfahlen Kopfsalat nicht nur zum Genießen, sondern auch als Medizin. Richtig lecker schmeckt er in dieser Cremesuppe, in der er sehr an Spinat erinnert. Hier ein Rezept aus Pisa. Vom 11. bis zum 13. Jahrhundert war Pisa als ehemals römischer Flottenstützpunkt die tonangebende Seerepublik im Mittelmeer, bis der eigene Lagunen-Hafen versandete.

Für 4 Personen

600 g frischer grüner Kopfsalat
750 ml Gemüsebrühe oder Wasser
1 – 1½ TL Meersalz
30 g Butter
6 EL Maisgrieß
4 EL frisch gehackte Petersilie
4 EL frisch gehackter Rucola
¾ TL frisch geriebener Muskat
1 TL schwarzer Pfeffer
150 g Sahne
4 EL Gartenkresse
8 Scheiben geröstetes toskanisches Landbrot (siehe Seite 53)

1) Kopfsalat waschen, abtropfen lassen und klein schneiden. Gemüsebrühe oder Wasser zum Kochen bringen und Salz zugeben (falls Sie Brühe verwenden, reicht 1 TL Salz). Kopfsalat beigeben und 5 Minuten zugedeckt kochen lassen.
2) In einem zweiten Topf die Butter schmelzen und darin den Maisgrieß goldbraun rösten. Petersilie, Rucola, Muskat und Pfeffer hinzufügen, vorsichtig zuerst mit 500 ml Brühe und dann mit der Sahne aufgießen. Das Ganze auf kleiner Stufe so lange köcheln lassen, bis der Grieß die Flüssigkeit aufgenommen hat und etwas eingedickt ist. Den Kopfsalat und die restliche Brühe mit einem Pürierstab oder Mixer pürieren und zu dem Grieß geben. Suppe noch einmal kurz aufkochen lassen.
3) Suppe in die Teller füllen und jeweils mit 1 EL frischer Gartenkresse bestreuen. Geröstetes Brot an den Tellerrand stecken oder separat servieren.

Grüne Spargelsuppe mit Artischocken

Zuppa di asparagi e carciofi

aus Chianciano Terme

»Schmeichelei des Gaumens« nannte der Römer Cato den grünen Spargel. Zu Recht, denn Spargel ist eine der edelsten Delikatessen aus dem Garten der Natur. Auch als Arzneipflanze schätzte man ihn sehr: Im Mittelalter musste er in allen Apotheken vorrätig sein. Hier ein leckeres Rezept aus Chianciano Terme, dessen Thermalbäder schon Etrusker und Römer zu schätzen wussten.

Für 4 Personen

3 frische Artischocken
300 g Tomaten
500 g grüner Spargel
250 g Kartoffeln
150 g Bleichsellerie
Saft einer halben Zitrone
4 EL Olivenöl
1 TL frisch geriebener Ingwer
2 EL frisch gehackter Salbei
½ TL frisch geriebener Muskat
½ TL Peperoncino (Chilipulver)
1 – 1¼ l Wasser
1 TL schwarzer Pfeffer
2 TL Selleriesalz oder Meersalz
3 EL frisch gehackte Petersilie

1) Gemüse waschen. Äußere harte Blätter der Artischocken entfernen, verbleibende harte Blattspitzen mit einer Schere kappen, ungenießbares Heu in der Mitte mit einem Löffel entfernen und Artischocken achteln.
2) Artischocken in eine Schüssel mit Wasser und Zitronensaft legen, damit sie nicht bräunen.
3) Tomaten blanchieren, häuten und in grobe Stücke schneiden. Kartoffeln schälen, in feine Würfelchen schneiden. Bleichsellerie in dünne Scheibchen schneiden.
4) In einem großen Topf Olivenöl erhitzen und Kartoffeln mit Bleichsellerie, Ingwer, Salbei, Muskat und Peperoncino 4 Minuten sautieren. Tomaten, Artischocken und Wasser beigeben und 20 Minuten zugedeckt kochen lassen.
5) In der Zwischenzeit Spargel, falls nötig, am unteren Drittel schälen und in zwei bis drei Abschnitte von jeweils etwa 5 cm Länge teilen. Spargel in die Suppe geben und weitere 15 Minuten bei mittlerer Hitze kochen lassen. Mit Pfeffer, Sellerie- oder Meersalz würzen und mit frischer Petersilie bestreuen. Sofort servieren.

Dinkelsuppe mit Tomaten

Zuppa di farro

aus Lucca

Alte Tradition – lecker zubereitet. Nur wenige Kilometer vom Meer entfernt und mit Bergen im Hinterland hat die alte Etrusker- und Römerstadt Lucca eine Vielfalt kulinarischer Genüsse anzubieten. So auch diese Dinkelsuppe, die früher in einem Topf am Rand des holzbefeuerten Herdes vor sich hin brodelte. Ganz nach dem Vorbild der Etrusker baut man um Lucca noch heute Dinkel an, der mit seinen Inhaltsstoffen jedes andere Getreide in den Schatten stellt. Er ist geradezu ideal fürs Denkvermögen und die Konzentration. Ein weiteres Plus ist, dass Dinkel ein unempfindliches Getreide ist und auch noch auf kargen Böden in Höhen bis 1500 Meter wächst, wo Weizen nicht mehr gedeihen kann.

Für 6 Personen

200 g Bleichsellerie oder Zwiebeln
1 EL Fenchelsamen
6 EL Olivenöl
300 g Dinkelreis (siehe Seite 38)
1 frischer großer Rosmarinzweig
4 EL frisch gehackter Salbei
1½ – 2 l Gemüsebrühe oder Wasser
600 g Tomaten
1½ TL Meersalz
¾ – 1 TL weißer Pfeffer

1) Bleichsellerie waschen und in dünne Scheiben schneiden oder Zwiebeln schälen und fein hacken. Fenchelsamen in 4 EL Olivenöl rösten und den Sellerie oder die Zwiebeln 4 Minuten sautieren.
2) Dinkelreis, Rosmarin und 2 EL Salbei dazugeben, nach 2 – 3 weiteren Minuten mit der Gemüsebrühe aufgießen und die Suppe etwa 15 Minuten zugedeckt kochen lassen.
3) In der Zwischenzeit die Tomaten blanchieren, enthäuten und in grobe Würfel schneiden. Tomatenwürfel zur Suppe geben und nochmals 15 – 20 Minuten auf kleiner Flamme köcheln lassen.
4) Zum Schluss Salz, Pfeffer, das restliche Olivenöl und den verbliebenen gehackten Salbei unter die Suppe rühren und heiß servieren.

Gemüsecremesuppe mit Maronen

Frullato di verdure e maroni

aus Lucca

Kreative Eigenständigkeit. Den Bewohnern von Lucca sagt man nach, sie seien munter und eigenständig. Schon um 1080 erkämpfte sich die Stadt mit dem etruskischen Namen ihre Unabhängigkeit von den kaiserlichen Grafen. Damals begann die Blütezeit Luccas, von der die romanischen Kirchen und die Werke der Bildhauerkunst und Malerei zeugen. Dank dem heute noch bestehenden, zur Promenade umgewandelten Stadtmauerring konnte die Republik Lucca ihre Unabhängigkeit gegen das aufstrebende Florenz verteidigen. Erst 1847 kam Lucca zum Großherzogtum Toskana.

Esskastanien erntet man jeden Herbst in den Wäldern der Garfagnana, nördlich von Lucca.

Für 4 Personen

600 g Maronen (Esskastanien)
250 g Karotten
250 g Kartoffeln
250 g Bleichsellerie
500 g Kürbis
250 g Tomaten
4 EL Olivenöl
1 ½ l Gemüsebrühe
2 Lorbeerblätter
2 EL frisch gehackte Salbeiblätter
1 Zweigchen frischer Rosmarin
½ TL frisch geriebener Muskat
¾ TL schwarzer Pfeffer
1 ½ TL Meersalz
100 g saure Sahne
4 EL frisch gehackte Petersilie
50 g frisch geriebener Parmesan
8 Scheiben geröstetes toskanisches Landbrot (siehe Seite 53) oder Ciabattabrot

1) Maronen kreuzweise einschneiden und in einem Topf mit Wasser 30 Minuten kochen. Die leicht abgekühlten Maronen von ihren Schalen und den darunterliegenden braunen Häuten befreien. Maronen halbieren (siehe auch Tipp).
2) In der Zwischenzeit Gemüse waschen. Karotten, Kartoffeln und Bleichsellerie in kleine Würfel schneiden. Kürbis schälen, entkernen und ebenfalls in kleine Würfel schneiden. Tomaten in heißem Wasser blanchieren, enthäuten und klein schneiden.

- Ich habe diese Karte folgendem Buch entnommen:

....

Anregungen / Meinungen / Kritik:

....

....

....

....

....

....

☐ Schicken Sie mir bitte kostenlos Informationen über Ihr Gesamtprogramm

☐ Schicken Sie mir auch aktuelle Informationen per E-Mail (max. 3 – 4-mal pro Jahr):

Meine E-Mail-Adresse: .... @ ....

Absender/in:

....

....

....

....

....

Bitte
ausreichend
frankieren!

Antwort

pala-verlag

Postfach 11 11 22

64226 Darmstadt

3) In einem großen Topf Olivenöl erhitzen und darin die Gemüse (bis auf die Tomaten) 8 Minuten sautieren. Anschließend mit Gemüsebrühe aufgießen, Tomatenstückchen, Lorbeerblätter, Salbei und Rosmarin hinzufügen und die Suppe dann 30 – 40 Minuten zugedeckt kochen lassen, bis die Gemüse weich sind.

4) Die Gemüsesuppe pürieren. Maronen zur Cremesuppe geben, mit Muskat, Pfeffer, Salz und saurer Sahne abrunden. Falls die Suppe zu dickflüssig ist, noch etwas Wasser hinzufügen. Zum Abschluss die Suppe noch einmal aufkochen lassen, mit Petersilie und Parmesan bestreuen und heiß mit gerösteten Brotscheiben servieren.

Tipp: Maronen kann man auch bereits vorgekocht und vakuumverpackt kaufen. In diesem Fall entfällt Schritt 1.

Reissuppe mit weißen Bohnen

Minestra di riso e cannellini

aus Florenz

Ein Geschenk mit Folgen. Papst Clemens VII. aus dem Hause Medici erhielt die weißen Bohnen von Kaiser Karl V. anlässlich der Kaiserkrönung 1530. Als Papst Clemens VII. die fremden Früchte aus Südamerika an seine Landsleute weiterschenkte, konnte er nicht ahnen, wie sehr man sie bald in der ganzen toskanischen Küche schätzen würde. Am besten schmeckt diese Suppe im Spätsommer, wenn die weißen zarten Canellini-Bohnen frisch auf dem Markt verkauft werden. Doch auch im Herbst und Winter kommen sie überall in und um Florenz auf den Tisch. Übrigens, je länger diese Bohnen bei schwacher Hitze gekocht werden, umso besser schmecken sie.

Für 4 – 6 Personen

300 g getrocknete weiße (Canellini-)Bohnen
7 EL Olivenöl
10 frische Salbeiblätter
½ TL frisch geriebenes Muskat
2 l Gemüsebrühe
400 g Tomaten
175 g Rundkornreis (Arborioreis)
2 TL Meersalz
1 – 1½ TL schwarzer Pfeffer
¼ TL Peperoncino (Chilipulver)
2 EL frisch gehackte Petersilie
50 g frisch geriebener Parmesan, falls gewünscht

1) Weiße Bohnen waschen und über Nacht oder mindestens 12 Stunden in kaltem Wasser einweichen.
2) 3 EL Olivenöl in einem großen Schnellkochtopf erhitzen und darin Salbeiblätter, Muskat und die abgetropften Bohnen 2 Minuten sautieren. Anschließend mit 1 l Gemüsebrühe aufgießen und etwa 50 Minuten köcheln lassen. (Im normalen Kochtopf dauert dies zugedeckt bei mittlerer Hitze 1½ Stunden.) In der Zwischenzeit die Tomaten blanchieren, enthäuten und grob hacken. Reis waschen.
3) Tomaten, Reis und die restliche heiße Gemüsebrühe zur Suppe geben und nochmals 20 Minuten köcheln lassen.
4) Abschließend mit Salz, Pfeffer, Peperoncino, Petersilie und den restlichen 4 EL Olivenöl würzen und 2 Minuten zugedeckt quellen lassen. Die Suppe vor dem Servieren falls gewünscht mit Parmesan bestreuen.

Gemüsesuppe nach Sieneser Art

Acquacotta

aus Siena

Acquacotta – wörtlich übersetzt »gekochtes Wasser« – war ursprünglich eine einfache bäuerliche Suppe. Man kochte dafür Tomaten, Bleichsellerie, Zwiebeln und andere Gemüse mit Olivenöl in Wasser und schöpfte sie über altbackene Brotscheiben. Heute allerdings wird das Rezept von vielen Köchen fantasievoll verfeinert und raffiniert abgewandelt – hier eine leckere Variation aus Siena. Schon Dante rühmte den Hauptplatz Sienas mit der ehrwürdigen Kulisse alter Häuser ringsum, dem wunderbaren gotischen Rathaus Palazzo Publico und seinem knapp 100 Meter hohen Turm, einem der kühnsten Turmbauten des Mittelalters.

Für 4 Personen

500 g Tomaten
250 g Bleichsellerie mit Grün oder Zwiebeln
250 g gelbe Paprika
7 EL Olivenöl
½ TL Asafoetida, falls gewünscht
1 TL Anissamen
1 l Gemüsebrühe oder Wasser
350 g Spinat
2 TL Meersalz
1 TL schwarzer Pfeffer
4 – 6 Scheiben geröstetes Brot
50 g frisch geriebener Parmesan, falls gewünscht

1) Tomaten waschen, in kochend heißem Wasser blanchieren, enthäuten und klein schneiden.
2) Gemüse waschen. Bleichsellerie und Selleriegrün oder geschälte Zwiebeln in sehr feine Stücke schneiden. Paprika halbieren, entkernen und in sehr feine Würfelchen schneiden.
3) 4 EL Olivenöl in einem großen Topf erhitzen. Asafoetida, falls gewünscht, und Anissamen für wenige Sekunden anrösten. Sellerie- oder Zwiebel- und Paprikawürfel 8 – 10 Minuten rösten. Nun die Tomaten und etwas später Brühe oder heißes Wasser beigeben und die Suppe zugedeckt 20 Minuten kochen.
4) In der Zwischenzeit den Spinat waschen, große Stiele entfernen und die Blätter klein schneiden. Spinat in die Suppe geben und weitere 5 Minuten kochen lassen. Zum Abschluss mit Salz, Pfeffer und den restlichen 3 EL Olivenöl würzen.
5) Je eine geröstete Brotscheibe in die Teller legen, mit Suppe auffüllen und, falls gewünscht, mit Parmesan bestreuen.

Kichererbsensuppe mit Nudeln

Minestra di ceci

aus Siena

Sicherlich liegt es an der Natur der Einwohner Sienas, dass in ihrer Stadt mit dem einzigartigen, muschelförmigen Platz des Campo das mittelalterliche Stadtbild noch so gut erhalten ist. Sieneser – so sagt man – seien zurückhaltend, aber temperamentvoll, stolz und kunstfertig. Von dort stammt das entschlossene Mädchen Katharina, die spätere Schutzheilige Italiens. Die Maler aus der Schule von Duccio, dem Großmeister der sienesischen Malerei, Sassetta und Simone Martini, waren Wegbereiter für die Künstler der Renaissance. Auch in ihrer Küche waren die Sieneser ihrer Zeit voraus: Die leckere Kombination von selbst gemachten Dinkelnudeln und Kichererbsen besitzt die höchstmögliche biologische Wertigkeit des Eiweißes und schenkt Kraft und Energie.

Für 4 Personen

200 g Kichererbsen
300 g Tomaten
200 g fein gemahlener und ausgesiebter Dinkel
100 ml Wasser
½ TL Meersalz
3 EL Olivenöl
3 EL frisch gehackte Salbeiblätter
3 EL frisch gehackte Petersilie
2 Lorbeerblätter
¼ TL frisch geriebener Muskat
¼ TL Peperoncino (Chilipulver)
½ TL gemahlener Koriander
2 l Gemüsebrühe
1 TL Meersalz
¾ TL schwarzer Pfeffer
50 g frisch geriebener Parmesan, falls gewünscht

1) Kichererbsen über Nacht oder mindestens 8 Stunden einweichen.
2) Kichererbsen mit 1 l Wasser im Schnellkochtopf etwa 45 Minuten oder im normalen Topf 1 Stunde weich kochen. Tomaten in kochend heißem Wasser blanchieren, enthäuten und klein schneiden.
3) Nudelteig zubereiten: Dinkelmehl mit dem Wasser und ½ TL Salz zu einem elastischen Teig kneten. Anschließend auf einer Arbeitsfläche nochmals 5 Minuten kräftig durchwalken. Kurze Zeit ruhen lassen und danach auf einer leicht bemehlten Fläche zu einer dünnen Platte ausrollen.

4) Die Teigplatte mit einem Teigrädchen in etwa 2 cm breite und 8 cm lange Nudeln ausradeln und zum Trocknen auf einem Tuch ausbreiten.
5) Olivenöl in einem Topf erhitzen, die gehackten Kräuter und Gewürze wenige Sekunden anrösten, dann die Tomaten hinzufügen. Nach etwa 2 Minuten mit heißer Gemüsebrühe aufgießen. Eine Hälfte der Kichererbsen pürieren und zusammen mit den ganzen Kichererbsen in die Suppe geben.
6) Nun die Suppe zum Kochen bringen und die Nudeln nur etwa 5 Minuten sprudelnd mitkochen lassen. Mit Salz und Pfeffer würzen und, falls gewünscht, mit Parmesan bestreuen. Damit die Nudeln *al dente* bleiben, die Suppe gleich servieren.

Kohl-Minestrone

Minestrone di cavolo

aus Massa-Carrara

»Marmor ist etwas Lebendiges, ein Geschenk der Natur« – sagen die Marmorarbeiter in Massa und Carrara. Bis zu 1945 Meter hoch steigen hinter den beiden Städten die Apuanischen Alpen an, mit ihrem in Jahrmillionen aus Kalkstein gepressten Kalziumkarbonat. Seit der Antike baut man dort unter großen Anstrengungen den berühmten weißen Marmor ab, der im römischen Luni gleich nach Rom verschifft wurde. Mit dem Untergang des römischen Kaiserreichs war auch das Schicksal von Luni besiegelt. Doch Karolinger und später die aufstrebenden toskanischen Stadtrepubliken begehrten weiter Marmor. So entstanden Massa und Carrara, deren Namen seit Michelangelo für besten weißen Marmor stehen. Hier ein leckerer Eintopf, den die Marmorarbeiter gerne in der kalten Jahreszeit essen.

Für 6 Personen

300 g getrocknete weiße (Canellini-)Bohnen oder braune Borlottibohnen
2 – 2½ l Gemüsebrühe oder Wasser
8 EL Olivenöl
1 TL Natron
10 frische Salbeiblätter
2 kleine Rosmarinzweige
100 g Karotten
150 g Kartoffeln
100 g Bleichsellerie
300 g Schwarzkohl (Cavolo nero) oder Weißkohl
1 EL Anissamen
2 EL frisch gehackter Liebstöckel
40 g Maisgrieß
2 TL Meersalz
1 TL schwarzer Pfeffer
1½ TL gemahlener Koriander
½ TL frisch geriebener Muskat
4 EL frisch gehackte Petersilie

1) Canellini- oder Borlottibohnen über Nacht oder mindestens 12 Stunden einweichen.
2) Bohnen abgießen und in einem Schnellkochtopf mit 1 l Gemüsebrühe oder Wasser, 3 EL Olivenöl, Natron, Salbei und Rosmarin für 50 Minuten bei mittlerer Temperatur weich kochen. (In einem normalen Topf beträgt die Kochzeit etwa 1½ Stunden.)
3) Während die Bohnen kochen, die Gemüse waschen. Kartoffel schälen und in kleine Würfel schneiden. Karotte und Bleichsellerie in dünne Scheiben schneiden. Die harten Blattrippen des Kohls entfernen und den Kohl in sehr dünne Streifen schneiden.

4) In einem zweiten großen Topf 5 EL Olivenöl erhitzen und die Anissamen darin goldbraun rösten. Wenige Sekunden später Kartoffel-, Karotten- und Selleriestückchen beigeben und 5 Minuten sautieren. Anschließend den Kohl hinzufügen und weitere 5 – 10 Minuten rösten, bis der Kohl glasig ist. In der Zwischenzeit in einem kleinen Töpfchen 1 l Gemüsebrühe oder Wasser zum Kochen bringen, das Gemüse damit aufgießen, Liebstöckel hineingeben und die Suppe zugedeckt etwa 40 Minuten kochen lassen.

5) Sobald die Bohnen weich sind, ebenfalls zu der Gemüsesuppe geben. Maisgrieß langsam einstreuen und rühren, damit keine Klümpchen entstehen. Die *Minestrone* bei gelegentlichem Rühren nochmals 15 – 20 Minuten köcheln lassen. (Falls die Suppe zu dickflüssig ist, noch 500 ml Gemüsebrühe oder Wasser hinzufügen.) Vor dem Servieren mit Salz, Pfeffer, Koriander und Muskat würzen und mit Petersilie bestreuen.

Tipp: Am besten schmeckt Minestrone heiß und, falls wünscht, mit frisch geriebenem Parmesan. Reichen Sie dazu noch etwas Brot (zum Beispiel Kartoffel-Dinkel-Brot, siehe Seite 59), und Ihr Mittagessen lässt keine Wünsche mehr offen.

Toskanischer Gemüseeintopf

Ribollita

aus Florenz

»Wenn es in Florenz 18 Wohnungen in einem Haus gibt, dann gibt es auch 18 verschiedene Rezepte für *Ribollita*«, sagt der italienische Filmstar und Koch Ugo Tognazzi. Beredtes Zeichen für die Beliebtheit dieses Gemüseeintopfes in der Toskana. *»Ribollita«* heißt so, weil man sie immer »wieder aufgewärmt« serviert. Häufig lässt man sie auch bis zum nächsten Tag stehen und kocht sie dann erneut auf – was sogar noch besser schmeckt. Oder man streut beim zweiten Aufkochen noch etwas Maisgries hinein und serviert sie nach 45 Minuten als Gemüsepolenta. Bleibt dann immer noch etwas übrig, werden die kalten Polentareste in Scheiben geschnitten und später über dem Holzfeuer gegrillt oder in Öl herausgebraten – ebenfalls sehr lecker.

Für 6 Personen

200 g getrocknete weiße (Canellini-)Bohnen
1½ l Wasser
10 EL Olivenöl
15 frische, gehackte Salbeiblätter
300 g Tomaten
300 g Stangensellerie
200 g Karotten
200 g Kartoffeln
100 g Schwarzkohl (Cavolo nero) oder Grünkohl
500 g Wirsingkohl
150 g Mangoldblätter
1 EL Fenchelsamen
¾ TL frisch geriebener Muskat
2 EL frische Thymianblätter
2 EL frische Rosmarinblätter
1½ TL schwarzer Pfeffer
2 TL Meersalz
8 – 12 Scheiben toskanisches Landbrot vom Vortag (siehe Seite 53)
Olivenöl zum Beträufeln
50 g frisch geriebener Parmesan, falls gewünscht

1) Bohnen waschen und über Nacht oder mindestens 12 Stunden in Wasser einweichen.
2) Bohnen abgießen und in einem Schnellkochtopf mit Olivenöl, gehackten Salbeiblättern und Wasser 50 Minuten weich kochen. (In einem normalen Topf dauert dies etwa 1½ Stunden.)
3) In der Zwischenzeit die Tomaten blanchieren, enthäuten und klein schneiden. Die Gemüse waschen. Stangensellerie, Kartoffeln, Karotten und Schwarzkohl oder Grünkohl klein schneiden. Wirsing und Mangold in feine dünne Streifen schneiden.

4) Zwei Drittel der weichen Bohnen pürieren oder zerdrücken. Die restlichen Bohnen beiseite stellen. 7 EL Olivenöl in einem großen Schnellkochtopf erhitzen und darin Fenchelsamen, Muskat, Kartoffeln, Karotten, Grünkohl und Sellerie 10 Minuten sautieren. Nun das Bohnenpüree, Tomaten, Thymian, Rosmarin, Wirsing, Mangold und einen weiteren Liter Wasser hinzufügen und zugedeckt nochmals 50 Minuten im Schnellkochtopf kochen lassen (oder 80 Minuten im normalen Topf).
5) Anschließend die ganzen Bohnen, Pfeffer und Salz beigeben und 10 weitere Minuten kochen lassen. (Der Kohl sollte jetzt weich sein.)
6) Brotscheiben in einer Pfanne mit reichlich Olivenöl anrösten oder im Backofen bei 200 °C goldbraun rösten und zur Seite stellen. Vor dem Servieren die gerösteten Brotscheiben in die Suppenschüssel legen und mit der *Ribollita* füllen; oder gleich die Brotscheiben auf die einzelnen Suppenteller mit *Ribollita* legen.
7) Zum Abschluss noch mit Olivenöl beträufeln und falls gewünscht mit Parmesan bestreuen.

Tipp: Eine wichtige Zutat der Ribollita ist neben den weißen Bohnen vor allem der Schwarz- oder Palmkohl (Cavolo nero). Wenn Sie keinen Schwarzkohl bekommen, tut es ersatzweise auch Grünkohl.

Dinkel-Bohnen-Eintopf

Minestra di farro e fagioli

aus Bagni di Lucca

Bagni di Lucca – Bäder von Lucca. Von der Atmosphäre der heißen Thermalquellen am Ufer des Flusses Lima ließen sich nicht nur Napoleon und Heinrich Heine einfangen: Im 19. Jahrhundert verkehrte der ganze europäische Adels- und Künstlerkreis dort am Tor der Garfagnana.

Auch in dieser Gegend schätzt man die Kombination von Dinkel und Bohnen. Wichtig sind die passenden Gewürze: Die mediterranen Kräuter und Asafoetida, der erstarrte Milchsaft aus den Stängeln und Wurzeln des Riesenfenchels, geben dem Gericht die richtige Würze.

Für 4 Personen

80 g weiße (Canellini-)Bohnen
80 g braune Borlottibohnen
60 g Kichererbsen
4 EL Olivenöl
½ TL Asafoetida
2 kleine Zweige Rosmarin
1¾ – 2 l Gemüsebrühe oder Wasser
150 g Karotten
150 g Dinkelreis (siehe Seite 38)
10 frische Salbeiblätter
½ TL Paprikapulver
3 EL Tomatenmark
1 TL schwarzer Pfeffer
2 TL Meersalz

1) Die Hülsenfrüchte in einer Schüssel mit Wasser über Nacht oder mindestens 12 Stunden zugedeckt einweichen.
2) Die Bohnen abgießen und abtropfen lassen. Olivenöl in einem Schnellkochtopf erhitzen und Asafoetida für wenige Sekunden anrösten, Hülsenfrüchte und Rosmarin hinzufügen, mit 1 l Gemüsebrühe oder Wasser aufgießen und 50 Minuten kochen lassen. (Im normalen Topf dauert dies etwa 1½ Stunden.)

3) Karotten waschen und in kleine Würfel schneiden. Nach der angegebenen Kochzeit Karotten, Dinkelreis, Salbei, Paprika, Tomatenmark, Pfeffer, Salz und restliche Brühe oder Wasser beigeben und 25 weitere Minuten (oder 40 Minuten im normalen Topf) bei mittlerer Hitze kochen.

4) Sobald der Dinkel und die Bohnen weich sind, die Rosmarinstiele entfernen. Den Eintopf in eine Suppenterrine füllen und servieren.

Tipp: Beträufeln Sie diesen Eintopf mit Olivenöl, dazu geröstete Brotscheiben und Sie haben eine nahrhafte und leckere Mahlzeit.

Pasta, Polenta, Risotto & Co – Nudeln, Mais und Reis

Pasta gut – alles gut. In der Toskana reicht die Tradition frischer Pasta Jahrtausende zurück. Bei Ausgrabungen einer etruskischen Küche fand man neben einem Rädchen zum Schneiden von Nudelteig die typisch toskanischen Bandnudeln *Pappardelle.* Dort liegen also die Wurzeln des toskanischen Einfallsreichtums, Pasta, Polenta und Reisgerichte so abwechslungsreich wie schmackhaft zu gestalten, denn Vielfalt ist die Mutter des Genusses.

Nudeln mit Spinat-Tomaten-Sauce

Penne alla Toscana

aus Florenz

»Florenz, mit seiner ungeheuren Domkuppel, seinen hochragenden Türmen und Palästen, seinen Gärten, Hainen und Brücken ... ich hielt es beinahe für optische Täuschung, aber diesmal war eines meiner Ideale wahr geworden, und doch war alles unendlich schöner, als ich es vorher zu denken imstande gewesen war.« Nicht unbedacht ließ sich Jacob Burckhardt, im 19. Jahrhundert der wohl größte Kunstkenner Italiens, zu diesen Worten hinreißen. Dabei war das Florenz der Renaissance nicht nur Impulsgeber für Maler, Bildhauer, Architekten und Dichter in ganz Europa, sondern auch für Feinschmecker und Küchenchefs. Hier eine der unzähligen delikaten Möglichkeiten, Pasta oder genauer *Penne,* die kurzen Röhrchennudeln, schmackhaft auf den Esstisch zu bringen.

Für 4 Personen

400 g Tomaten
500 g frischer Spinat
1 frische Peperoni
3 EL Olivenöl
3 EL frisch gehackte Petersilie
50 g Butter
¾ – 1 TL schwarzer Pfeffer
¼ TL frisch geriebener Muskat
1 TL Meersalz
400 g Penne
(kurze Röhrchennudeln)
100 g frisch geriebener Parmesan

1) Tomaten in kochend heißem Wasser blanchieren, enthäuten und klein schneiden.
2) Spinat waschen, große Stiele entfernen und Blätter fein hacken. Peperoni waschen, entkernen und fein hacken.
3) Olivenöl in einem großen Topf erhitzen. Peperoni und Petersilie kurz darin anrösten, dann die Tomaten und wenig später den Spinat hinzufügen. Das Gemüse zugedeckt 5 – 8 Minuten bei mittlerer Hitze köcheln lassen. Anschließend Butter hinzugeben und mit Pfeffer, Muskat und Salz würzen.
4) Nudeln in kochendem Salzwasser *al dente* kochen und abgießen. Die heißen Nudeln mit der Sauce und dem Parmesan vermischen und gleich servieren.

Tordelli mit Mangold

Tordelli di Lucca

aus Lucca

»Ja, wie heißen sie denn nun?« Einige Verwirrung stand uns in den Gesichtern geschrieben, als wir wissen wollten, wie denn nun eigentlich unsere gefüllten Teigtaschen hießen. Zwei Mahlzeiten wurde diskutiert, dann war uns alles klar. *Tordelli* nennen die Toskaner ihre gefüllten viereckigen Teigtaschen, in der Emilia-Romagna sagt man zu ihnen *Tortelli* und auf nationaler Ebene heißen sie *Ravioli*. Und dann gibt es noch *Tortellini*, ringförmige, gefüllte Teigtaschen: Die kleinen Exemplare kommen in der Emilia-Romagna in die Suppe, die größeren serviert man mit einem *Sugo* (Sauce) wie *Ravioli* – Verzeihung: *Tordelli*. Schließlich sind wir ja in der Toskana, und da muss man schon genau sein. Typisch für Lucca sind *Tordelli* gefüllt mit Ricotta, dem festen Quark aus Schafsmilchmolke.

Für 4 Personen

Für den Nudelteig:
300 g fein gemahlener und ausgesiebter Dinkel
½ TL Meersalz
150 ml Wasser

Für die Füllung:
850 g Mangold oder Spinat
125 g Ricotta
¾ TL Meersalz
½ TL schwarzer Pfeffer
¼ TL frisch geriebener Muskat
eventuell 3 EL geriebener Parmesan oder Weizengrieß
50 g Butter

1) Dinkelmehl auf die Arbeitsfläche häufen. In die Mitte eine Vertiefung drücken und das Salz hineingeben. Das Wasser nach und nach in die Vertiefung gießen und verrühren. Allmählich das ganze Mehl einarbeiten. Den Teig mindestens 5 Minuten kräftig durchkneten und walken, bis er geschmeidig, elastisch und glatt ist und sich wie ein Ohrläppchen anfühlt. Den Teig mit einer Schüssel abgedeckt 30 – 60 Minuten auf der Arbeitsfläche ruhen lassen.

2) In der Zwischenzeit die Füllung vorbereiten: Mangold waschen, Stiele entfernen und anderweitig verwenden (siehe zum Beispiel Seite 136). Mangoldblätter in 5 cm lange Streifen schneiden und in ½ l kochendem Salzwasser 5 Minuten blanchieren. Mangold in einem Sieb abtropfen lassen, dann in ein Küchentuch einschlagen und möglichst viel Flüssigkeit herausdrücken. Den Mangold sehr fein hacken, in eine Schüssel geben und mit Ricotta, Salz, Pfeffer und Muskat würzen. Falls die Füllung zu feucht sein sollte, Grieß oder Parmesan hinzufügen.
3) Einen großen Topf mit 5 l Salzwasser zum Kochen bringen. Nudelteig noch einmal kräftig durchkneten, in drei Teile teilen, zwei davon in eine Schüssel legen und abdecken, damit der Teig nicht austrocknet. Die dritte Teigkugel auf der leicht bemehlten Fläche mit einem leicht bemehlten Nudelholz dünn zu einem Viereck ausrollen. Mit einem Teigrädchen 6 × 6 cm große Quadrate ausradeln und jeweils mit ½ – ¾ TL Füllung belegen.
4) Dann jedes Quadrat zu einem Rechteck zusammenklappen und die Teigränder dabei leicht zusammendrücken. (Falls der Teig etwas zu trocken ist, die Ränder mit ein wenig Wasser bepinseln.) Fertige *Tordelli* auf ein leicht bemehltes Tuch legen.
5) Während schon ein Teil der Nudeln im sprudelnden Salzwasser etwa 5 Minuten kocht, den restlichen Teig ebenso zu *Tordelli* verarbeiten. Sobald die Nudeln *al dente* sind, aus dem Wasser nehmen, abtropfen lassen und in einer mit Butter vorgewärmten Pfanne warm halten, bis alle *Tordelli* gekocht sind.

Tipp: Tordelli schmecken heiß serviert natürlich am besten. Dazu noch eine Auberginen-Kräuter-Sauce (siehe Seite 153) und etwas frisch geriebener Parmesan darüber – guten Appetit!

Pappardelle mit Zucchini

Pappardelle con zucchini

aus Cortona

Nicht von ungefähr stammt dieses leckere Rezept aus Cortona, dem einstigen Etruskerstädtchen. Wer durch das steile Auf und Ab enger Straßen spaziert, spürt noch viel von vergangenen Jahrhunderten und Kulturen. Von der Piazza della Republica, dem spätmittelalterlichen Zentrum der Stadt mit seinem zinnengekrönten Renaissance-Uhrenturm, führt eine Gasse zum Palazzo Pretorio, dem Sitz des Etruskermuseums. Und wer weiß, vielleicht beleuchtete der berühmte sechzehnarmige Bronzeleuchter schon im 5. vorchristlichen Jahrhundert ein Festessen mit Pappardelle?

Für 4 – 5 Personen

400 g Pappardelle
oder Vollkornnudelteig
(Rezept: siehe Tordelli Seite 80)

Für die Sauce:
1 kg Zucchini
3 EL Olivenöl
1 TL Meersalz
¾ – 1 TL schwarzer Pfeffer
2 EL frische Thymianblätter
3 EL frisch gehackte
Basilikumblätter
50 g Butter
100 g Sahne
100 g Crème fraîche

Für die Nudeln:
30 g Butter
50 g frisch geriebener Parmesan

1) Falls Sie den Nudelteig selbst machen wollen: Nudelteig wie auf Seite 80 (Arbeitsschritt 1) beschrieben kneten und 10 – 30 Minuten zugedeckt ruhen lassen.
2) In der Zwischenzeit die Sauce zubereiten: Zucchini waschen und längs in dünne Streifen schneiden. Olivenöl in einem Topf erhitzen und die Zucchinistreifen darin 7 Minuten zugedeckt anbraten. Gelegentlich etwas umrühren, damit nichts anbrennt. Mit Meersalz, Pfeffer und den frischen Kräutern würzen und anschließend Butter, Sahne und Crème fraîche unterheben. Die Sauce noch 1 Minute bei schwacher Hitze köcheln lassen und dann zugedeckt stehen lassen.

3) Selbst gemachte *Pappardelle:* Den Nudelteig noch einmal kräftig durchkneten, in drei Teile teilen, zwei davon in eine Schüssel legen und abdecken, damit der Teig nicht austrocknet. Die dritte Teigkugel auf der leicht bemehlten Arbeitsfläche mit einem leicht bemehlten Nudelholz dünn zu einem Viereck ausrollen. Mit einem Teigrädchen oder Messer zu 2 – 3 cm breiten und 10 cm langen Nudeln schneiden. Auf einem großen, leicht bemehlten Tuch locker mindestens 30, besser noch 60 Minuten zum Antrocknen ausbreiten. Mit den beiden anderen Teigkugeln ebenso verfahren.

4) *Pappardelle* in 5 l sprudelndem Salzwasser und etwas Olivenöl 5 – 6 Minuten *al dente* kochen.

5) Gekochte und abgegossene *Pappardelle* in eine vorgewärmte große Schüssel mit zerlassener Butter geben. Heiße Zucchinisauce und frisch geriebenen Parmesan darübergeben und servieren.

Tagliatelle mit Fenchel in Pergamentpapier

Tagliatelle con finocchio al cartoccio

aus Siena

»Siena mit seinem schwarz-weißen Banner und schwarz-weißen Dom, mit seiner höchst eigentümlich schönen Lage und Aussicht wird für die Liebhaber der kleineren italienischen Städte immer ein Kleinod bleiben.« Es lässt sich nicht leugnen, auch Hermann Hesse war ein Italienliebhaber. Und vielleicht hat er bei seinem Aufenthalt in Siena auch dieses Pastarezept kennen und schätzen gelernt. Dick oder dünn, hohl oder voll, gerade oder gedreht, glatt oder gerippt, in über 200 Formen sind Pasta, die italienischen Teigwaren, eine ideale Basis für die verschiedensten Gerichte. Eigentlich bestehen Pasta ja aus nichts anderem als Hartweizenmehl und Wasser. Doch kulinarisch sind sie ein Wunderding, das schon Etrusker und Römer begeisterte. Probieren Sie selbst, warum!

Für 4 Personen

700 g Fenchel
600 g Tomaten
6 EL Olivenöl
½ TL Asafoetida, falls gewünscht
3 EL frisch gehackte Petersilie
10 frische Salbeiblätter
4 EL Tomatenmark
½ – ¾ TL gemahlener Koriander
¼ TL Paprikapulver
3 EL frische Thymianblätter
1 TL schwarzer Pfeffer
2 TL Meersalz
350 g Tagliatelle oder Nudeln nach Wahl
3 EL Butter oder Olivenöl
100 g frisch geriebener Parmesan, falls gewünscht

1) Gemüse waschen. Tomaten in kochend heißem Wasser blanchieren, enthäuten und klein schneiden. Fenchel in hauchdünne Streifen schneiden. Fenchelgrün fein hacken.
2) Olivenöl in einer großen Pfanne oder einem großen Topf erhitzen. Asafoetida darin einige Sekunden anrösten, dann Petersilie und Salbei dazugeben und nach 1 Minute auch den Fenchel. Fenchel bei gelegentlichem Umrühren 10 Minuten rösten, bis er goldbraun ist. Nun die Tomatenstückchen und wenig später Tomatenmark, Koriander, Paprikapulver, Thymian, Pfeffer und 1 TL Salz hinzufügen und weitere 10 Minuten köcheln lassen. Eventuell noch etwas Wasser hinzufügen.

3) In der Zwischenzeit einen Topf mit 4 l Wasser und 1 TL Salz zum Kochen bringen und die *Tagliatelle* oder Nudeln nur kurz kochen, damit sie auch nach dem Backen noch *al dente* sind. Backofen auf 225 °C vorheizen.

4) Nudeln abgießen und in einer großen Schüssel mit Butter oder Olivenöl, Parmesan, falls gewünscht, und der Fenchel-Tomaten-Sauce mischen. Ein bis zwei große Bögen Backpapier mit Olivenöl bestreichen, die Fenchelnudeln auf das Papier geben, dieses gut verschließen und 15 Minuten im Backofen backen. Servieren Sie das Nudelpaket auf einer großen Platte und öffnen Sie es erst bei Tisch.

Spaghetti nach Bäckerinnenart

Spaghetti alla fornaia

aus Livorno

Im 14. Jahrhundert, als Livorno noch ein kleines Dorf mitten im Sumpf war, beschlossen die Pisaner, dort einen Hafen anzulegen, da ihr eigener zunehmend versandete. Später fiel Livorno an Genua und schließlich an Florenz, das freies Zuzugsrecht für alle gewährte, um Einwanderer anzulocken. Dadurch wurde Livorno nicht nur zur heute zweitgrößten Stadt der Toskana, sondern auch zu einem Schmelztiegel unterschiedlichster Völker und Küchenrezepte. Das Geheimnis dieser Pasta sind die Walnüsse; sie liefern Energie und stärken Nerven und Gehirn. Probieren Sie selbst!

Für 4 Personen

120 ml Olivenöl
2 EL gehackte Petersilie
¼ TL Peperoncino (Chilipulver)
100 g Semmelbrösel
60 g gehackte Walnüsse
¾ TL Meersalz
¼ TL weißer Pfeffer
¼ TL frisch geriebener Muskat
400 g Spaghetti
50 g frisch geriebener Parmesan

1) 5 l Wasser in einem großen Topf zum Kochen bringen.
2) 60 ml Olivenöl in einer Pfanne erhitzen. Darin Petersilie, Peperoncino, Semmelbrösel und gehackte Walnüsse goldbraun anrösten. Mit Salz, Pfeffer und Muskat würzen.
3) Spaghetti *al dente* kochen, abgießen und auf eine große vorgewärmte Servierplatte geben. Mit dem restlichen Olivenöl und der Walnuss-Semmelbrösel-Mischung vermengen, mit Parmesan bestreuen und sofort servieren.

Peperoncino-Spaghetti

Spaghetti al peperoncino

aus Pisa

»Diese Leute sind, wenn sie nicht gerade Geschäfte machen, von einer Naivität und Sicherheit des Sichgebens, dabei von einer natürlichen Lebensart und Beweglichkeit, neben der wir Nordländer Marionetten sind.« Zu dieser Einsicht kam Hermann Hesse schon bei seiner ersten Toskanareise 1901. Sein Anliegen war es nicht nur, Kunstwerke, sondern das wahre Italien mit seinen Bewohnern kennen zu lernen. Dazu gehören Spaghetti. Um sie nur mit der Gabel essen zu können (Messer und Löffel sind für jeden Italiener dabei ein Tabu), braucht man wohl etwas italienische Mentalität: Temperament gepaart mit Geduld und Toleranz – und Mut zur ausreichend großen Serviette. Doch dann schmecken sie immer wieder lecker.

Für 4 Personen

3 getrocknete rote Peperoncini (Chilis)
4 EL frische Thymianblätter
150 ml Olivenöl
400 g Spaghetti
Meersalz
100 g frisch geriebener Pecorino oder Parmesan

1) Chilis entkernen und in einem Mörser grob zerstoßen. Chilipulver und Thymianblätter mit dem Olivenöl mischen und zugedeckt mindestens 8 Stunden, besser noch über Nacht stehen lassen.
2) Spaghetti in 5 l sprudelndem Salzwasser *al dente* kochen, abgießen und in einer vorgewärmten Schüssel mit dem gewürztem Olivenöl vermengen. Spaghetti mit geriebenem Pecorino oder Parmesan bestreuen und heiß servieren.

Kürbis-Gnocchi in Salbeibutter

Gnocchi di zucca con salvia

aus Pietrasanta

Pietrasanta ist das Zentrum der Versilia, ein zwischen Meer und Apuanischen Alpen eingeschlossener Landstrich, der mit weltberühmten Bädern aufwarten kann. Bis 1590 wurde dort Silber abgebaut, heute konzentriert man sich auf die Verarbeitung von Marmor. Hier einer der unzähligen Einfälle der Toskaner, ihre Gnocchi abwechslungsreich zu gestalten.

Für 5 – 6 Personen
Für etwa 90 Gnocchi

800 g Kürbis
Fett für die Auflaufform
etwa 400 g Dinkelvollkornmehl
2½ TL Meersalz
1 TL schwarzer Pfeffer
¼ TL Peperoncino (Chilipulver)
½ TL frisch geriebener Muskat
80 g Butter
oder 5 EL Olivenöl
15 frische Salbeiblätter

1) Kürbis waschen, schälen, entkernen und in grobe Stücke schneiden. In einer gefetteten Auflaufform mit Alufolie abgedeckt bei 220 °C 55 Minuten backen, bis er weich ist. Kürbis abkühlen lassen und zu Mus pürieren oder mit einer Gabel zerdrücken.
2) Kürbismus in einer Schüssel mit dem Dinkelvollkornmehl, 1 ½ TL Salz, Pfeffer, Peperoncino und Muskat zu einem weichen Teig verkneten. Je nach Feuchtigkeit des Kürbis kann die Mehlmenge etwas variieren. Kneten Sie jedoch nicht zu viel Mehl unter, da die Gnocchi sonst zu fest werden. In einem Topf 4 l Wasser und 1 TL Salz zum Kochen bringen.
3) Den Teig mit den Händen oder zwei kleinen Löffeln zu Bällchen oder ovalen Gnocchi formen. Mit einer Gabel jeweils in der Mitte einkerben und in die typische Gnocchiform biegen. Gnocchi auf Teller oder ein Blech legen.
4) Eine Pfanne mit Butter oder Olivenöl und gehacktem Salbei auf kleiner Flamme vorwärmen.
5) Sobald das Wasser, jeweils ein Drittel der Gnocchi hineingeben. (Achten Sie darauf, dass das Wasser weiter sprudelnd kocht.) Wenn die Gnocchi zur Oberfläche aufgestiegen sind, noch 2 weitere Minuten kochen lassen. Anschließend mit einer Siebkelle aus dem Wasser holen, abtropfen lassen und in die Pfanne geben, bis alle Gnocchi gekocht sind.

Gemüsepolenta

Infarinata

aus Lucca

Das wirkliche Leben. Wie überall in Italien, findet auch in Lucca, der Stadt, der wir dieses Rezept verdanken, das wirkliche Leben in der Öffentlichkeit statt: auf der Straße, auf dem Marktplatz, im Straßencafé oder in der Bar. Zu Hause ist man nachts – oder zum Essen. Und das genießt man mit Muße, wie auch dieses einfache, aber sehr köstliche Gericht. Dazu noch eine Tomaten-Kapern-Sauce (siehe Seite 149), und Sie haben schon eine vollständige Mahlzeit. Und wenn etwas von der Polenta übrig bleibt, können Sie die kalte erstarrte Masse in dicke Scheiben schneiden und am Abend oder am nächsten Tag als *Antipasto* in etwas Olivenöl gebraten oder auf dem Rost gegrillt servieren.

Für 4 – 5 Personen

2 l Wasser
2 TL Meersalz
450 g Gemüse (zum Beispiel Fenchel, Bleichsellerie, Zucchini, Karotten, Auberginen)
125 ml Olivenöl
¼ TL Peperoncino (Chilipulver)
½ TL schwarzer Pfeffer
1 EL frische Thymianblätter
300 g Maisgrieß

1) Wasser mit Salz in einem hohen Topf zum Kochen bringen. In der Zwischenzeit die Gemüse waschen, in kleine Würfel schneiden und in einer Pfanne mit 3 EL Olivenöl 8 Minuten sautieren. Mit Peperoncino, schwarzem Pfeffer und Thymian würzen.

2) Sobald das Wasser kocht, den Maisgrieß langsam hineinrieseln lassen und dabei ständig umrühren, damit sich keine Klümpchen bilden. (Falls doch Klümpchen entstehen, diese sofort am Topfrand mit dem Holzlöffel zerdrücken.) Olivenöl und sautiertes Gemüse hinzufügen und die Polenta bei schwacher Hitze 40 Minuten köcheln lassen. Dabei immer wieder umrühren, damit die entstehenden Luftblasen entweichen können. Polenta darf am Topfboden und -rand ansetzen, jedoch nicht anbrennen. Fertig ist die Polenta, wenn sie sich vom Topfrand löst. Sofort heiß servieren oder in Scheiben geschnitten dekorativ anrichten (siehe Tipp Seite 149).

Artischockenreis

Risotto con carciofi

aus Siena

Noch weit mehr als in Florenz hat sich in Siena das mittelalterliche Stadtbild erhalten. Mittelpunkt der Stadt ist der muschelförmige Platz des Campo, berühmt nicht nur wegen seiner Bauwerke, sondern auch wegen des zweimal im Jahr stattfindenden Palio, einem mittelalterlichen Pferderennen. Am Tag vor dem Rennen tafelt jeder Stadtteil auf dem Platz vor »seiner« Kirche. Dort entdeckten wir dieses Rezept. Artischocken mit ihren wertvollen Vitaminen und heilsamen Flavonen wachsen überall in der Gegend von Siena.

Für 4 Personen

Saft einer Zitrone
4 – 6 kleine Artischocken oder Artischockenherzen
12 Zucchiniblüten
1 – 1¼ l Gemüsebrühe
6 EL Olivenöl
1 Msp frisch geriebener Muskat
2 EL frisch gehackter Salbei
350 g Rundkornreis (Arborioreis)
1 TL Meersalz
¾ TL schwarzer Pfeffer
50 g geriebener Parmesan, falls gewünscht

1) Zitronensaft in eine halb mit Wasser gefüllte Schüssel gießen. Artischocken waschen, äußere harte Blätter entfernen und die harten Blattspitzen mit der Schere kappen. Stielansätze schälen, Artischocken in schmale Stücke schneiden und in das Zitronenwasser legen, damit sie nicht schwarz anlaufen. Vor dem Kochen abtropfen lassen.
2) Zucchiniblüten vorsichtig waschen und abtropfen lassen. Äußere Blütenkelchblätter abzupfen und Blüten auf einem Tuch ausbreiten. Gemüsebrühe in einem Topf erhitzen.
3) 4 EL Olivenöl in einem Topf erhitzen und darin die Artischocken, Muskat und Salbei unter Rühren 8 –10 Minuten sautieren. Nun das restliche Olivenöl, Reis, Salz und Pfeffer dazugeben und 2 Minuten später mit drei Viertel der heißen Gemüsebrühe aufgießen. Den Reis bei mittlerer Hitze und gelegentlichem Rühren 15 – 20 Minuten bissfest garen. Etwa 5 Minuten vor Ende der Kochzeit die Blüten vorsichtig unterheben. Falls der Risotto zu trocken erscheint, noch etwas heiße Brühe zugießen.
4) Den Reis 2 Minuten zugedeckt quellen lassen und dann servieren. Falls gewünscht, mit Parmesan bestreuen.

Risotto mit grünem Spargel und Wildkräutern

Risotto agli asparigi e erbe aus Pisa

Frühlingsessen mit Spaß. Marcus Caelius Apicius, der 150 vor Christus in Rom lebte, war der erste professionelle Kochbuchautor. Zehn Bände über Kochrezepte, Küchenregeln, Kräuter und Gewürze hat er hinterlassen. Kochen mit Wildkräutern hat seither in der Toskana niemals an Attraktivität verloren: Sie schenken Duft, Aroma und Gesundheit. Gartenmelde ist ein wertvoller Blutreiniger und Stoffwechselanreger. Löwenzahn tut Galle, Bauchspeicheldrüse, Milz und Nieren gut. Borretsch stärkt das Herz und – vielleicht noch interessanter – er macht gute Laune.

Hier ein Rezept aus dem ehemaligen römischen Flottenstützpunkt Pisa, einer Stadt, die im mediterranen Mittelalter auch kulinarisch tonangebend war.

Für 4 Personen

300 g grüner Spargel
200 g Wildkräuter (zum Beispiel Brennnessel, Borretschblätter, Gartenmelde, Löwenzahn oder Spinat)
4 EL Olivenöl
350 g Rundkornreis (Arborioreis)
1¼ l Gemüsebrühe
1 TL Meersalz
¾ TL schwarzer Pfeffer
60 g Butter oder 4 EL Olivenöl
50 g frisch geriebener Parmesan oder Pecorino

1) Spargel waschen und falls notwendig jeweils das untere Drittel schälen. Spargel in etwa 5 cm große Stücke schneiden. Wildkräuter waschen, abtropfen lassen und klein schneiden.
2) In einem Topf Olivenöl erhitzen und darin den Reis 2 Minuten sautieren, bis er glasig ist. Anschließend mit der heißen Gemüsebrühe aufgießen, Spargel, gewaschene und gehackte Kräuter, Salz und Pfeffer hinzufügen, umrühren und zugedeckt 15 – 18 Minuten bei mittlerer Hitze kochen lassen. Der Reis sollte jetzt *al dente* sein, das heißt weich, aber noch bissfest, und weder zu feucht noch zu trocken.
3) Den Topf von der Kochstelle nehmen, die Butter in Flöckchen oder das Olivenöl über den Reis geben, mit dem geriebenen Käse bestreuen und 5 Minuten zugedeckt quellen lassen. Nun kann der Reis serviert werden.

Zucchini-Risotto mit Blüten

Risotto con zucchini e fiori

aus Montignoso

Sonne, Strand, Zucchini. Zumindest wir denken immer an diese drei Dinge, wenn wir an die Toskana denken. Seit 25 Jahren besuchen wir dort jeden Sommer unsere Verwandten und Bekannten und jeden Sommer gibt es Zucchini mit ihren leckeren Blüten. Dabei schmecken Zucchini nicht nur gut, sondern haben auch der Gesundheit Einiges zu bieten. Mit ihren zahlreichen Mineralien und Vitaminen stärken sie unser Immunsystem und mit ihren Bitterstoffen regen sie die Darmtätigkeit an. Kein Wunder, dass sie inzwischen nicht nur in der Toskana, sondern auch bei uns in jedem Gemüsegarten wachsen.

Für 4 Personen

400 g Zucchini
25 frische Zucchiniblüten
1 l Gemüsebrühe
3 EL Olivenöl
¼ TL frisch geriebener Muskat
½ TL gemahlener Koriander
4 EL frisch gehackte Petersilie
300 g Rundkornreis (Arborioreis)
3 EL frisch gehackte Borretschblätter
1½ TL Meersalz
1 TL schwarzer Pfeffer
30 g Butter
70 g frisch geriebener Parmesan

Für die Dekoration:
einige frische Borretschblüten

1) Zucchini mit Blüten vorsichtig waschen und abtropfen lassen. Anschließend Zucchini in Scheiben schneiden, die harten Blütenkelchblätter abzupfen und die Blüten mit den Stempeln in grobe Stücke schneiden. Gemüsebrühe in einem Topf zum Kochen bringen.
2) In einem zweiten Topf das Olivenöl erhitzen und die Zucchinischeiben mit Muskat, Koriander und Petersilie 3 Minuten sautieren. Nun den Reis beigeben und einige Minuten mitgaren, damit sich die Aromen verbinden. Mit so viel heißer Gemüsebrühe aufgießen, dass der Reis gerade bedeckt ist. Gut umrühren.

3) Sobald der Reis die Flüssigkeit aufgesogen hat, erneut mit Brühe aufgießen. Nun die Zucchiniblüten und Borretschblätter auf den Reis legen und nicht mehr als nötig umrühren. Der Reis soll beim Garen nicht trocken werden, sondern immer knapp mit Flüssigkeit bedeckt sein.

4) Exakt 15 Minuten nach der ersten Brühezugabe den Topf von der Flamme nehmen und mit Salz und Pfeffer würzen. Butter und Parmesan unterheben, zudecken und nochmals 3 Minuten quellen lassen. Die Reiskörner sollten gar, aber noch bissfest sein, der ganze Risotto feucht, aber nicht flüssig.

5) Risotto in einer vorgewärmten Schüssel oder Platte anrichten, mit den frischen Borretschblüten dekorieren und sofort servieren.

Nackte Mangoldravioli

Ravioli ignudi

aus Florenz

Füllung pur. In Florenz, »deren Kunstwerke reichen würden, um 15 Städte damit auszustatten« – wie ein müder Tourist einmal bemerkte –, weiß man zu essen. Das stellte auch unser Zeitgenosse fest, nachdem er sich wieder gestärkt hatte und ernsthaft zu überlegen begann, ob er seine Erkundungstouren von den Museen in die Ristorante verlegen sollte. Beim Essen geht es in Florenz um das Beste: Es wird auf den üblichen Nudelteigmantel der *Ravioli* verzichtet, deshalb ihr Name. Die Florentiner bevorzugen Mangold – Sie können natürlich auch Spinat verwenden.

Für 4 Personen
Für 32 Ravioli

1 kg Mangold
300 g Ricotta
80 g geriebener Parmesan
½ TL frisch geriebener Muskat
½ TL schwarzer Pfeffer
¾ TL Meersalz
60 g Weizengrieß
100 g Weizenvollkornmehl

Zum Servieren:
80 g Butter
15 frische Salbeiblätter
40 g frisch geriebener Parmesan

1) Mangold waschen, die Stiele entfernen und zur Seite legen (siehe Tipp). Mangoldblätter in einem großen Topf mit kochendem Salzwasser 5 Minuten blanchieren und in einem Sieb abtropfen lassen. Mangold in ein Küchentuch einschlagen und so viel Flüssigkeit wie möglich herausdrücken, anschließend fein hacken.
2) Ricotta in einer Schüssel kräftig durchrühren. Mangold, Parmesan, Muskat, Pfeffer und Salz zugeben. Mit nur so viel Grieß verrühren, dass die Masse gut bindet und die *Ravioli* später beim Kochen nicht auseinanderfallen.

3) Einen großen Topf mit 5 l Salzwasser zum Kochen bringen. In der Zwischenzeit mit einem Löffel jeweils etwas Raviolimasse abnehmen und mit gut gemehlten Händen zu ovalen Bällchen formen. Bällchen in Mehl wenden und auf einen großen Teller legen.
4) Butter in einem Töpfchen zerlassen, Salbeiblätter zugeben und warm halten. Die erste Hälfte der Bällchen im sprudelnden Wasser kochen, bis sie zur Oberfläche aufsteigen. Gleich mit einem Schaumlöffel herausnehmen, auf eine vorgewärmte Servierplatte legen und im Backofen bei 50 °C warm halten. Mit der zweiten Hälfte ebenso verfahren.
5) Mangoldravioli zum Abschluss mit Salbeibutter begießen und mit Parmesan bestreuen. Sofort servieren.

Tipp: Die entfernten Mangoldstiele geben selbst auch ein recht leckeres Rezept ab: Einfach im gleichen Kochwasser 6 Minuten weich kochen. Anschließend auf einem Teller mit etwas Salz, Pfeffer, Muskat und Olivenöl anrichten. Mangoldstiele schmecken auch kalt noch köstlich, zum Beispiel zu toskanischem Landbrot (siehe Seite 53) oder Bruschetta (siehe Seite 42).

Zucchiniblüten-Crêpes mit Kapern

Frittata di fiori di zucca

von Elba

Blumen und Blüten in ihrer Schönheit haben die Menschen schon immer bezaubert. Doch bunte Blütenblätter bereichern nicht nur unsere Gärten und Häuser, sondern auch unsere Speisetafeln. Obwohl von den spanischen Konquistadoren erst vor 500 Jahren nach Europa gebracht, haben sich Zucchini mit ihren Blüten schnell einen festen Platz in unseren Mahlzeiten erobert. Dieses Crêpe-Rezept stammt von Elba, 10 Kilometer vor der tyrrhenischen Küste gelegen, mitten im klaren blauen Meer und mit einer reichen Mittelmeervegetation.

Für 4 Personen

250 g Weizenmehl Type 1050
200 ml Milch
250 ml Mineralwasser
¾ TL Meersalz
1 – 2 EL in Salz eingelegte Kapern
20 Zucchiniblüten
3 EL frisch gehackte Kräuter (Thymian, Basilikum, Majoran)
½ TL schwarzer Pfeffer
Olivenöl für die Pfanne

1) Mehl, Milch, Mineralwasser und Salz mit einem Schneebesen zu einem Pfannkuchenteig rühren und 30 Minuten ruhen lassen. Die in Salz eingelegten Kapern waschen und in etwas Wasser einlegen.
2) Zucchiniblüten vorsichtig waschen und abtropfen lassen. Die äußeren harten Blütenkelchblätter abzupfen und die Blüten auf einem Tuch ausbreiten. Die gehackten Kräuter, abgetropften Kapern und den Pfeffer unter den Teig rühren.
3) Etwas Olivenöl in einer großen, beschichteten Pfanne erhitzen und 4 Zucchiniblüten hineinlegen. Je eine Schöpfkelle voll (gut umgerührten) Teig für eine Crêpe verwenden, indem Sie zuerst etwas Teig über die Zucchiniblüten gießen und dann durch Schwenken der Pfanne zu einer dünnen Crêpe zusammenlaufen lassen. Nach 3 – 4 Minuten wenden und von der anderen Seite bräunen lassen. 5 Crêpes herausbacken und sofort heiß servieren.

Tipp: Zucchiniblüten werden in Italien im Sommer überall auf den Märkten und in Gemüsegeschäften angeboten. Hierzulande bekommen Sie sie aus dem eigenen Garten oder von einem netten Gartenbesitzer.

Kichererbsenpfannkuchen

Torta di ceci

aus Lucca

Ungewöhnlich lecker. Ausgefallene Mehlsorten wie Kichererbsen-, Mais- und Kastanienmehl haben schon immer wichtige Rollen in der Küche in und um Lucca gespielt. Kichererbsen sind Energie- und Kraftpakete. Mit 20 % Eiweiß, einem hohen Anteil an essentiellen Aminosäuren, Eisen und Vitamin C stehen sie an der Spitze aller Erbsensorten. Gerade im Winter schmecken diese heißen Pfannkuchen besonders köstlich: einfach so oder als Beilage zu Suppen wie Reissuppe mit den weißen Bohnen (siehe Seite 24).

Für 6 Pfannkuchen

2 – 3 TL in Salz eingelegte Kapern
300 g Kichererbsenmehl
450 ml Wasser
1½ TL Meersalz
1 EL frischer Rosmarin
2 EL Olivenöl
Olivenöl für die Pfanne

Tipp: Am besten schmecken Kichererbsenpfannkuchen natürlich heiß serviert. Wie dick oder dünn sie herausgebacken werden, bleibt Ihnen überlassen.

1) Kapern waschen und in etwas Wasser einlegen. Kichererbsenmehl in eine Schüssel sieben. Zuerst mit wenig Wasser anteigen, damit sich keine Klümpchen bilden. Nun das restliche Wasser dazugießen und zu einem Pfannkuchenteig rühren. Salz, Rosmarin und Olivenöl unterrühren und den Teig mindestens 30 Minuten ruhen lassen.
2) Eine Pfanne mit etwas Olivenöl erhitzen. Abgetropfte Kapern unter den Teig rühren und nacheinander die Pfannkuchen ausbacken.

Secondi – der zweite Gang

Verdure – Gemüsegerichte

Reise ins Reich der Aromen. Wo sanfte Hügel von mittelalterlichen Städtchen und Olivenhainen gekrönt sind, soll alles so schmecken, wie die Natur es hervorgebracht hat: ursprünglich und rein. Genau darauf sind die Rezepte der unwiderstehlichen Gemüsegerichte abgestimmt. Vom kulinarischen Ergebnis hat sich selbst ein weitgereister Gast des Barone Bettino Ricasoli zu der Bemerkung hinreisen lassen, die toskanische Küche sei »würdig eines Königs«.

Grüne Bohnen mit Zucchiniblüten

Miscuglio

aus Lucca

Von Lucca geht immer noch ein eigentümlicher Reiz aus. Werden schon in der Toskana Individualismus und Unabhängigkeit großgeschrieben, wie viel mehr dann in Lucca, das erst 1847 zur Toskana der Medici kam. So hat sich Vieles aus den alten Zeiten noch erhalten – wie auch dieses Gericht. Zucchini werden in der Provinz von Lucca geerntet, wenn sie noch ganz klein sind, oft mit der Blüte. Denn Zucchiniblüten gelten als Delikatesse, selbst die Stiele und Blütenstempel der männlichen Blüten lassen sich noch zu einer köstlichen Beilage verarbeiten (siehe Seite 100).

Für 4 Personen

500 g zarte grüne Bohnen
300 g kleine Zucchini
300 g Zucchiniblüten
5 EL Olivenöl
¼ TL frisch geriebener Muskat
¾ TL schwarzer Pfeffer
1 TL Meersalz
abgeriebene Schale einer halben unbehandelten Zitrone
3 EL frische Thymianblätter
1 EL frische Majoranblätter

1) Bohnen waschen und an beiden Enden abknipsen. In kochendem Wasser 5 Minuten blanchieren.
2) Zucchini waschen und in dünne, schräge Scheiben schneiden. Zucchiniblüten vorsichtig waschen, abtropfen lassen und auf einem Tuch ausbreiten. Die harten äußeren Kelchblätter abzupfen. (Bei männlichen Blüten: Die etwa 12 cm langen Stiele mit den Blütenstempeln vorsichtig abknicken und so aus der Blüte herauslösen, dass der Blütenstempel noch auf dem Stiel sitzt. Die Stiele mit den Blütenstempeln ergeben ebenfalls ein leckeres Gericht, siehe Seite 100.)
3) Olivenöl in einem großen Topf erhitzen und die Zucchini mit dem Muskat sautieren. 2 Minuten später die Bohnen hinzufügen. Vorsichtig umrühren, damit nichts ansetzt. Nach 5 weiteren Minuten die Zucchiniblüten auf das Gemüse legen und falls erforderlich etwas Wasser dazugießen. Das Gemüse 2 – 3 Minuten zugedeckt garen, bis die Bohnen weich und die Zucchiniblüten zusammengefallen sind.
4) Zum Abschluss Gewürze, Zitronenschale und frische Kräuter unterheben und servieren.

Zucchiniblütenstiele in Pecorinosauce

Gamba dei fioretti di zucchini

aus Siena

Spargelersatz aus dem Zucchinigarten. Wenn die leckeren Zucchiniblüten für ein Blütengericht verwendet wurden, bleiben bei männlichen Blüten der etwa 12 cm lange Stiel und ein gelber Blütenstempel übrig. Warum probieren Sie damit nicht einmal dieses schmackhafte Rezept? In ihrem Geschmack erinnern die blanchierten Blütenstiele mit den zarten Blütenstempelchen fast an Spargel. Gesund sind sie allemal: Neben anderen Bioaktivstoffen spielt vor allem Chlorophyll, das Blattgrün, eine wichtige Rolle. Damit reinigen die Blütenstiele auch unsere Zellen und unterstützen die Infektabwehr. Unser Rezept ist eine raffiniert delikate Köstlichkeit aus Siena.

Für 4 Personen als Beilage

Pecorino-Safran-Sauce
(siehe Seite 151
oder siehe Tipp)
250 g Zucchiniblüten

1) Bereiten Sie die Pecorino-Safran-Sauce zu, wie auf Seite 151 beschrieben.
2) Männliche Zucchiniblüten mit Stempel vorsichtig waschen, abtropfen lassen und auf einem Tuch ausbreiten. Die harten äußeren Kelchblätter abzupfen. Die Stiele mit den Blütenstempeln vorsichtig abknicken und so aus der Blüte herauslösen, dass der Stempel noch auf dem Stiel sitzt. (Auch die Blüten ergeben ein leckeres Rezept, siehe Seite 48.)
3) Je 5 – 8 Blütenstiele (die Stempelchen alle in eine Richtung) mit Nähgarn zu einem Bündchen zusammenbinden. Anschließend 3 – 5 Minuten (je nach Dicke der Stiele) in kochend heißem Wasser blanchieren, bis die Stiele zart sind.
4) Die heißen Zucchinistiele auf einer Servierplatte anrichten und zusammen mit Pecorino-Safran-Sauce reichen.

Tipp: Besonders lecker schmecken Zucchiniblütenstiele mit gerösteten Brotscheiben. Und wer es einfacher liebt, beträufelt die blanchierten Stiele anstatt der Sauce einfach mit Olivenöl und gibt noch jeweils eine Prise Salz und frisch gemahlenen Pfeffer aus der Mühle darüber.

Paprikagemüse mit Tomaten

Peperonata

aus Grosseto

Vom Meer zum Land. In der Maremma, deren größte Stadt heute Grosseto ist, erstreckte sich in vorgeschichtlicher Zeit das Meer, später lange Zeit Lagunenseen und Sümpfe. Als die etruskischen Entwässerungsanlagen verfielen und Roselle – etwa 9 Kilometer nordöstlich von Grosseto – von den Sarazenen zerstört wurde, verlegte man den dortigen Bischofssitz 935 nach Grosseto. Doch es sollte noch 1000 Jahre dauern, bis die Sümpfe und ihre Malaria verschwunden waren und die nährstoffreiche Erde der Maremma nutzbar wurde. Heute wachsen in der fruchtbaren Ebene von Grosseto Paprika und Tomaten, die besonders aromatisch sind. Werden die Paprika wie in diesem Rezept zubereitet – ohne Haut – sind sie besonders bekömmlich.

Für 4 Personen

1 kg rote oder gelbe Paprika
600 g Tomaten
300 g Bleichsellerie
5 – 6 EL Olivenöl
1 TL frisch geriebener Ingwer
¼ TL Peperoncino (Chilipulver)
1½ TL Meersalz
1 TL schwarzer Pfeffer
25 frische Basilikumblätter

1) Backofen auf 200 °C vorheizen. Paprika waschen, abtrocknen, vierteln, Samen und Rippen entfernen und in einer Auflaufform 15 Minuten backen. Tomaten blanchieren, enthäuten und in grobe Stücke schneiden. Sellerie waschen und in dünne Ringe schneiden.
2) Paprika aus dem Backofen nehmen, auf einen Teller legen und in eine Plastiktüte wickeln, sodass der Dampf nicht entweichen kann. Auf diese Weise lässt sich die Haut nach 10 Minuten leicht abziehen. Enthäutete Paprika in schmale Streifen schneiden.
3) Eine große Pfanne oder einen Topf mit 4 EL Olivenöl erhitzen und darin Stangensellerie mit frischem Ingwer und Peperoncino 7 Minuten sautieren. Zuerst Paprikastreifen beigeben und 3 Minuten später auch Tomaten, Salz, Pfeffer und das restliche Olivenöl. Zugedeckt bei niedriger Hitze 15 – 20 Minuten garen, bis die Paprikastreifen fast auseinanderfallen und die Flüssigkeit verkocht ist. Gelegentlich umrühren.
4) Zum Abschluss mit grob zerzupften Basilikumblättern bestreuen. Heiß servieren.

Grüne Bohnen nach Prateser Art

Fagiolini di Prato

aus Prato

Ein Kaufmann macht Geschichte. Der bekannteste Sohn Pratos ist zweifellos der Kaufmann Francesco di Marco Datini, der im 14. Jahrhundert einer der reichsten Männer Europas war. Sein gewaltiger schriftlicher Nachlass – Geschäftspapiere, Briefe, Verträge, vor allem aber der umfangreiche Briefwechsel mit seiner Frau Margherita – überliefert uns ein farbiges Bild von Handwerk und internationalem Handel, Alltag und häuslichem Leben am Vorabend der Renaissance. Von der Hand Datinis stammen selbst die Einkaufslisten und Rezepte, bei denen Sumach nicht fehlen durfte – ein fruchtig säuerliches Gewürz aus den roten, getrockneten und grob gemahlenen Sumachbeeren.

Für 4 Personen

450 g Tomaten
750 g zarte grüne Bohnen
3 EL Olivenöl
½ TL Asafoetida
¾ TL Sumachpulver
¼ TL Zimt
¾ TL schwarzer Pfeffer
1 TL Meersalz

Tipp: Sumachpulver und Asafoetida bekommen Sie im Kräuter- und Gewürzladen oder beim Gewürzversand.

1) Tomaten in kochend heißem Wasser blanchieren, enthäuten und klein schneiden. Bohnen waschen, jeweils beide Enden abzupfen, in etwa 5 cm lange Stücke schneiden und in kochend heißem Wasser 5 Minuten blanchieren.
2) Olivenöl in einem Topf erhitzen, Asafoetida einige Sekunden anrösten. Bohnen und Tomaten hinzufügen und zugedeckt bei niedriger Temperatur 10 – 12 Minuten garen, bis die Bohnen weich sind. Gemüse mit Sumach, Zimt, Pfeffer und Salz würzen. Auf einer Platte anrichten und heiß servieren.

Schnelle Gemüsepfanne

Gurgulione

aus Florenz

»Die Florentiner haben mit ihrer üblichen Findigkeit und Umsicht alle Möglichkeiten erfasst, die Küche auch denen schmackhaft zu machen, denen nichts schmeckt«, schrieb der geistvolle Satiriker Pietro Aretino 1537. Während viele Renaissance-Prominente seine spitze Feder fürchteten, war Aretino voll des Lobes, wenn es um »seine« toskanische Küche ging. Schon damals war der Ruf des toskanischen Olivenöls weit über die Landesgrenzen hinausgedrungen. Das aus der Provinz Lucca – klar und zart, nicht zu fett, ins Grünliche spielend – gilt noch heute zu Recht als das beste Italiens. Das wusste auch Aretino: »So ist es an Dir, Toskana, sich der besten Oliven zu rühmen.«

Für 6 Personen

600 g Tomaten
250 g gelbe Paprika
350 g Fenchel
600 g Auberginen
350 g Zucchini
7 EL Olivenöl
2 frische Zweigchen Rosmarin
2 EL frisch gehackter Salbei
1 TL schwarzer Pfeffer
¼ TL Peperoncino (Chilipulver)
1½ TL Meersalz
4 EL frisch gehacktes Basilikum

1) Gemüse waschen. Tomaten in kochend heißem Wasser blanchieren, enthäuten und klein schneiden. Paprika und Fenchel in dünne Streifen schneiden, das Fenchelgrün fein hacken und zur Seite legen. Auberginen in Würfel und Zucchini in Ringe schneiden.
2) In einer großen Pfanne 3 EL Olivenöl erhitzen und darin Paprika und Fenchel 10 Minuten rösten, bis die Gemüse weich und saftig sind. In einer zweiten Pfanne mit 4 EL Olivenöl die Auberginenwürfel rösten, bis sie weich und leicht angebraten sind.
3) Nun den Inhalt der beiden Pfannen in einen großen Topf füllen, mit den klein geschnittenen Tomaten, Zucchini, Fenchelgrün, Rosmarin, Salbei, Pfeffer, Peperoncino und Salz mischen und zugedeckt bei mittlerer Hitze weitere 10 Minuten köcheln lassen, bis die Zucchini weich sind und der Tomatensaft etwas eingedickt ist.
4) Zum Schluss das Basilikum beigeben und die Gemüsepfanne heiß servieren.

Frittierte grüne Tomaten

Pomodori fritti

aus Lucca

Das Freilichtmuseum der Toskana. Zu Recht hat man Lucca mit seinem mittelalterlichen Stadtflair so genannt. In ihren Bann zieht nicht nur die Einzigartigkeit der Stadt, sondern auch die regionale Küche. Die Toskaner mögen die noch etwas grünen Tomaten gerne roh. Uns schmecken sie aber am besten knusprig gebraten, wie in diesem Rezept aus Lucca. Tomaten mit ihrem Reichtum an organischen Säuren regen die Verdauungssäfte an. Daneben machen sie munter und gute Laune. Worauf warten Sie also noch?

Für 4 Personen

900 g unreife Fleischtomaten
100 g Weizenvollkornmehl
Olivenöl zum Braten
¾ TL Meersalz
½ TL schwarzer Pfeffer
1 TL getrockneter Majoran oder Thymian

1) Tomaten waschen, abtrocknen und in dicke Scheiben schneiden. Mehl auf einem großen Teller verteilen. Tomaten darin großzügig wenden und anschließend in einer heißen Pfanne mit Olivenöl goldbraun herausbraten.
2) Zum Schluss Tomaten mit Salz, Pfeffer und Majoran oder Thymian bestreuen.

Tipp: Legen Sie die frittierten Tomaten auf eine vorgewärmte Platte. Dazu noch geröstete toskanische Landbrotscheiben (Bruschetta, siehe Seite 42) – und Sie, Ihre Familie und Ihre Gäste werden begeistert sein.

Artischocken mit Salbei im Teigmantel

Frittura di carciofi e salvia

aus Arezzo

Stadt Petrarcas. Arezzo im Hochland der Toskana nennt sich noch heute nach dem großen Dichter des 14. Jahrhunderts. In seiner Lyrik tritt uns der neue Mensch des Humanismus und der beginnenden Renaissance entgegen, der seine Selbstständigkeit und die Schönheit der Welt entdeckt. Auch die aromatischen Rezepte Arezzos scheinen daran zu erinnern, dass dieses Land schon zu Etruskerzeiten Dichter, Schriftsteller und Maler anzog. Hier wachsen auch Artischocken, das begehrte Gemüse für Feinschmecker. In Arezzo serviert man dieses Gericht traditionell zu Ostern.

Für 4 Personen

200 g Weizenmehl Type 1050
400 ml Mineralwasser
1½ TL Meersalz
¾ TL schwarzer Pfeffer
¼ TL frisch geriebener Muskat
¼ TL Zimt
5 frische Artischocken
Saft einer halben Zitrone
20 frische Salbeiblätter
Olivenöl zum Frittieren

1) Mehl in eine Schüssel geben und mit dem Mineralwasser zu einem flüssigen, klümpchenfreien Teig rühren. Salz und Gewürze dazugeben und 30 Minuten ruhen lassen.
2) Artischocken waschen und die äußeren harten Blätter entfernen. Mit einer Schere die verbleibenden harten Blattspitzen kappen, die Artischocken vierteln und das ungenießbare Heu entfernen.
3) Damit sich die Artischocken nicht verfärben, in einer Schüssel mit Wasser und dem Zitronensaft einlegen. Salbeiblätter waschen und trockentupfen.
4) Je nach dem, ob Sie die Artischocken in heißem Öl frittieren wollen oder einfach in einer Pfanne herausbacken möchten, einen entsprechenden Topf oder eine Pfanne mit der erwünschten Ölmenge erhitzen. Abgetropfte Artischockenviertel in den Teig tauchen und im heißen Öl goldbraun und knusprig herausbacken. Die Salbeiblätter ebenso in den Teig tauchen und knusprig backen.
5) Die fertig frittierten Stücke in einem Sieb abtropfen lassen und auf einer mit Küchenkrepp ausgelegten Servierplatte anrichten, damit überschüssiges Öl noch aufgesaugt werden kann. Sofort servieren.

Schwarzwurzeln im Currymantel

Barba di prete

aus Montignoso

Barba di prete. »Bart des Priesters« nennt man in Montignoso an der Versilia-Küste die Schwarzwurzeln. Bei uns heißen die bekömmlichen Wurzeln auch Winterspargel. Nicht umsonst, denn sie erinnern nicht nur im Geschmack, sondern auch mit ihren Schutz- und Heilstoffen an Spargel. In den Mittelmeerländern schätzt man die leckeren Schwarzwurzeln schon seit der Antike.

Für 4 Personen

Saft einer halben Zitrone
700 g Schwarzwurzeln
1¼ TL Meersalz
75 g Kichererbsenmehl
75 g Weizenmehl Type 1050
etwa 150 ml Mineralwasser
2 TL Currypulver
¼ TL schwarzer Pfeffer
3 EL frisch gehackte Petersilie
Olivenöl zum Braten

1) Zitronensaft mit etwas Wasser in eine Schüssel geben. Schwarzwurzeln waschen, unter fließendem Wasser schälen und in die vorbereitete Schüssel legen, damit sie nicht schwärzlich anlaufen. In einem Schnellkochtopf Schwarzwurzeln mit dem Zitronenwasser und ¾ TL Salz 10 Minuten weich kochen.
2) Mehle in eine Schüssel sieben, mit Mineralwasser verrühren und mit Curry, Pfeffer, ½ TL Salz und Petersilie würzen.
3) Olivenöl in einer großen Pfanne erhitzen. Gekochte Schwarzwurzeln abtropfen lassen, gegebenenfalls der Länge nach halbieren, in den Teig tauchen und im heißen Öl goldbraun frittieren. Schwarzwurzeln auf einem Teller mit Küchenkrepp abtropfen lassen und warm servieren.

Schwarzwurzeln in Olivenöl
Schwarzwurzeln wie beschrieben waschen, schälen und in Zitronen-Salz-Wasser weich kochen. Anschließend abtropfen lassen und auf eine schöne Servierplatte legen. Mit ½ TL Meersalz und ¼ TL frisch gemahlenem Pfeffer bestreuen und mit 3 – 4 EL Olivenöl beträufeln. Ein leckeres, leichtes Gericht, das immer schmeckt – egal, ob warm oder kalt.

Mangold mit Zitronendressing

Biete all'agro di limone

aus Arezzo

Arezzo, das schon im Städtebund der Etrusker ein wirtschaftliches Zentrum war, ist eine Entdeckungsreise wert. Dort wurde Maecenas, Freund des römischen Kaisers Augustus, geboren, der Dichter und Künstler so nachdrücklich förderte, dass man diese Gunst künftig Mäzenatentum nannte. Vielleicht war es sein später wohlwollender Einfluss, dass Arezzo schon im 13. Jahrhundert eine Universität erhielt und so zu den ältesten Hochschulstädten Europas gehört. Bei so viel Geschichte darf die Esskultur Arezzos nicht zu kurz kommen. Man sagt ihr den Aromenreichtum und die Geradlinigkeit einer Hochlandregion nach – hier ein Gericht mit Mangold und Pinienkernen.

Für 4 Personen

3 EL Pinienkerne
750 g Mangold
100 ml Olivenöl
2 EL Zitronensaft
¾ TL schwarzer Pfeffer
¾ TL Meersalz

1) Pinienkerne in einer Pfanne rösten. Mangold waschen, Stiele entfernen und die Blätter in 5 cm große Stücke schneiden.
2) Einen großen Topf mit ½ l Wasser und ¼ TL Salz zum Kochen bringen. Darin die Mangoldstiele 5 Minuten blanchieren, anschließend die Blätter dazugeben und 2 weitere Minuten kochen. Den Mangold abgießen und sofort in einer Schüssel mit Eiswasser abschrecken, damit die Blätter ihre grüne Farbe behalten.
3) Eiswasser abgießen und Mangold leicht ausdrücken, damit das Wasser abtropfen kann. Mangold auf einer Servierplatte anrichten.
4) Für das Dressing Öl, Zitronensaft, Pfeffer und ½ TL Salz in einer Tasse verrühren. Das Dressing über den Mangold gießen und vorsichtig mischen. Zum Abschluss geröstete Pinienkerne darüberstreuen und heiß oder zimmertemperiert servieren.

Tipp: Anstelle des Mangolds schmecken auch Spinat, junger Stängelkohl oder anderes grünes Blattgemüse sehr lecker.

Spaghettibohnen in Olivenöl

Fagioli dal metro conditi

aus Massa

Haute Cuisine für jedermann. Spaghettibohnen sind keine Bohnen mit Spaghetti, sondern eine besondere Bohnenart – auch »Meterlange Bohnen« genannt. Geerntet werden die 40 bis 90 Zentimeter langen, dünnen Bohnen sehr jung und noch ganz zart. So gehören sie zu den leckersten Sommergemüsen: dekorativ, schmackhaft und obendrein noch gesund. Unser Rezept stammt aus der Stadt des weißen Marmors, Massa, reich an Geschichte und Tradition und eingebettet in die Talebene zwischen Apuanischen Alpen und tyrrhenischem Meer.

Für 4 Personen

500 g dünne, grüne Spaghettibohnen
1 TL Meersalz
¾ TL schwarzer Pfeffer
2 EL frische Thymianblätter
100 ml Olivenöl

1) Bohnen waschen, putzen und in etwas Salzwasser kochen, bis sie weich sind.
2) Bohnen abgießen und auf eine Servierplatte legen, mit Salz, Pfeffer und Thymian bestreuen und mit Olivenöl beträufeln. Warm oder kalt servieren.

Tipp: Servieren Sie dazu zum Beispiel Focaccia (siehe Seite 58) oder Dinkel-Kartoffel-Brot aus Stazzema (siehe Seite 59).

Kartoffel-Pecorino-Frikadellen

Polpette di patate

aus Montignoso

Aghinolfi: Benannt nach dem Langobardenkönig des 6. Jahrhunderts, Aghinulfo, thront dieses Kastell über der römischen Via Aurelia-Aemilia am Fuße der Apuanischen Alpen. Errichtet, um Händler und Pilger der Frankenstraße vor Überfällen durch Sarazenen, Normannen und Korsaren zu schützen, wechselten sich dort Etrusker, Römer, Sarazenen, Langobarden, Karolinger und schließlich die Stadtrepublik Lucca in der Herrschaft ab. Neben dem Kastell mit der wechselvollen Geschichte liegt das Dorf Montignoso, vor sich den kurzen Küstenstreifen und das Tyrrhenische Meer, hinter sich die schnell auf über 1000 Meter Höhe ansteigenden Berge, aus denen weißer Marmor gebrochen wird.

Hier ein leckeres Rezept aus der mittelalterlichen Speisekarte Montignosos.

Für 4 Personen

1 kg Kartoffeln
200 g fein geriebener Pecorino oder Hartkäse nach Wahl
125 g Ricotta
2 EL frisch gehackte Petersilie
2 EL frisch gehackte Salbeiblätter
2 EL frische Thymianblätter
½ TL frisch geriebener Muskat
1 TL schwarzer Pfeffer
1½ – 2 TL Meersalz
7 EL Weizenkleie oder Semmelbrösel
Olivenöl zum Braten

1) Pellkartoffeln kochen, schälen und zu Brei zerstampfen.
2) Kartoffelbrei mit geriebenem Käse, Ricotta, Kräutern und Gewürzen vermengen und zu Frikadellen formen. Kleie oder Semmelbrösel auf einen großen Teller streuen und die Bällchen darin wälzen.
3) Frikadellen in genügend heißem Olivenöl goldbraun herausbraten und noch heiß servieren.

Pfannkuchenrolle mit Brokkoli

Crespelle di broccoli

aus San Miniato

Schon die alten Römer wussten, was gut schmeckt. Und bauten auch in ihren germanischen Provinzen Brokkoli an, den grünen Bruder des Blumenkohls. Damit bereicherten sie nicht nur ihren Speisezettel, sondern taten auch ihrer Gesundheit einen großen Gefallen. Brokkoli stärkt nämlich Augen, Haut und Nerven, außerdem unterstützt er die Abwehrkraft. Unser delikates Rezept stammt aus San Miniato, einem idyllischen Städtchen mit römischen Wurzeln – nur 39 Kilometer westlich von Florenz gelegen.

Dort im Palazzo Vescovile, dem bischöflichen Palast, wurde 1046 die energische Markgräfin Mathilde von Tuscien geboren und von hier stammt auch ein Zweig der Familie Buonaparte, der Vorfahren Napoleons.

Für 4 Personen

Für den Pfannkuchenteig:
275 g Weizenmehl Type 1050
250 ml Milch
200 – 225 ml Mineralwasser
¾ TL Meersalz

Für die Brokkoli-Rucola-Sauce:
750 g Brokkoli
2 EL Butter
2 gehäufte EL Weizenmehl Type 1050
250 ml Milch
250 ml Brokkolikochwasser
½ TL frisch geriebener Muskat
1 TL weißer Pfeffer
1½ – 2 TL Meersalz
50 g fein gehackter Rucola
6 EL frisch gehackte Petersilie
Olivenöl zum Braten

1) Für den Pfannkuchenteig Mehl in eine Schüssel geben, nach und nach mit der Milch, dem Mineralwasser und dem Salz verrühren und zur Seite stellen.
2) Brokkoli waschen und in kleine Röschen teilen, den Stiel schälen und in feine Stifte schneiden. Brokkoli 8 – 10 Minuten in etwas Wasser weich dünsten. Anschließend abtropfen lassen und das Kochwasser für die Sauce aufheben.
3) Für die Sauce Butter in einem Topf schmelzen, das Mehl hineinstreuen und unter ständigem Rühren 2 – 3 Minuten anrösten, jedoch nicht bräunen. Vorsichtig mit der kalten Milch und etwas später mit dem Brokkolikochwasser aufgießen und bei schwacher Hitze köcheln lassen, bis die Sauce eingedickt ist.

4) Béchamelsauce mit Muskat, Pfeffer und Meersalz würzen. Brokkoli zu der Sauce geben und pürieren oder zu Mus zerdrücken. Rucola und 3 EL Petersilie unterheben.
5) Nacheinander 6 dünne Pfannkuchen in heißen Anti-Haftpfanne mit Olivenöl herausbacken.
6) 3 Pfannkuchen so nebeneinander und leicht überlappend auf die Arbeitsfläche legen, dass sie ein längliches Rechteck bilden. Mit einem Viertel der heißen Füllung bestreichen, darüber die zweite Lage Pfannkuchen verteilen und nochmals mit einem Viertel der Füllung bestreichen. Anschließend die Pfannkuchen zu einer großen Rolle aufrollen.
7) Die Pfannkuchenrolle in vier Teile schneiden. Die restliche Füllung auf die vier Essteller verteilen und jeweils eine Pfannkuchenschnecke daraufsetzen. Mit der restlichen Petersilie garnieren und gleich servieren.

Blumenkohlfrikadellen

Frittelle di cavolfiore

aus Florenz

»Die Lebensmittelläden fordern die Esslust heraus, so überladen sind sie mit reicher Fülle, so glänzend sind sie in ihrem appetitlichen Überfluss.« Für den florentinischen Schriftsteller Bruno Cigognani war ein Bummel über den Markt von San Lorenzo ein Erlebnis für alle Sinne. An der Atmosphäre, die er in seinem Roman 1937 beschrieb, hat sich bis heute nicht viel geändert. Auch nicht an den Rezepten: In diesem hier kommt der Blumenkohl, der von allen Kohlarten am zartesten und bekömmlichsten ist, ganz groß heraus. Verständlich, dass Cigognani die Geschmacksvielfalt des toskanischen Gemüses pries, entstanden »aus der unerschöpflichen Fruchtbarkeit des Bodens.«

Für 4 – 6 Personen

1 kg Blumenkohl
250 g Weizenvollkornmehl
400 ml Mineralwasser
2 TL Meersalz
1 TL schwarzer Pfeffer
¼ – ½ TL Peperoncino (Chilipulver)
½ TL frisch geriebener Muskat
200 g Ricotta
50 g frisch geriebener Parmesan
4 EL frisch gehackte Petersilie
Olivenöl zum Braten

Tipp: Wer es noch aromatisch würziger mag, kann auf jede Frikadelle einen Klecks Meerrettich geben.

1) Blumenkohl waschen, in kleine Röschen schneiden und in etwas Wasser weich kochen.
2) Vollkornmehl und Mineralwasser in einer Rührschüssel zu einem Teig verrühren. Mit Salz, Pfeffer, Peperoncino und Muskat würzen sowie Ricotta, Parmesan und Petersilie unterheben. Blumenkohl abgießen und unter den Teig heben, dabei größere Röschen etwas zerdrücken.
3) Eine große Pfanne mit reichlich Olivenöl erhitzen und kleine Frikadellen herausbacken. Die fertigen Blumenkohlfrikadellen auf einen großen Teller mit Küchenkrepp legen, damit das überschüssige Öl aufgesaugt wird. Blumenkohlpuffer heiß servieren.

Tomatenmus aus Siena

Pappa col pomodoro

aus Siena

Lebenslust pur. Voll Bewunderung erlebt man in Siena, zu welch großen Leistungen die Bürger einer einzigen Stadt für Freiheit und Unabhängigkeit, für Schönheit und Wohlstand ihres Gemeinwesens fähig waren. In den Jahren der Blüte, vom 12. bis zum 16. Jahrhundert, schufen die Sienesen eine Stadtrepublik, die es mit anderen großen Städten Europas aufnehmen konnte. Die Sienesen lieben das Leben – und das Essen, wie bereits Dante feststellte. Hier ein traditionelles Gericht mit dem beliebten Bleichsellerie.

Für 4 Personen

150 g Bleichsellerie oder Zwiebeln
100 g Karotten
800 g Tomaten
12 EL Olivenöl
½ TL edelsüßes Paprikapulver
10 frische Salbeiblätter
1 EL frisch gehackter Ingwer
1½ TL Meersalz
1½ TL schwarzer Pfeffer
300 g altbackenes toskanisches Landbrot (siehe Seite 53)
3 EL frische Majoranblätter
5 EL zerzupfte frische Basilikumblätter
etwa 500 ml heiße Gemüsebrühe
4 EL frisch geriebener Parmesan, falls gewünscht

1) Die Gemüse waschen. Sellerie oder geschälte Zwiebeln und Karotten sehr klein schneiden. Tomaten blanchieren, enthäuten und grob würfeln.
2) Einen Topf mit 4 EL Olivenöl erhitzen und Bleichsellerie oder Zwiebeln mit Karotten, Paprika, Salbeiblättern und Ingwer goldbraun anrösten. Tomaten, Salz und Pfeffer hinzugeben und alles bei mittlerer Hitze 20 Minuten zu einem Mus kochen.
3) In der Zwischenzeit das Brot in kleine Stücke brechen und in einer Pfanne mit 4 EL Olivenöl goldbraun rösten. Zusammen mit Majoran und Basilikum dem Tomatenmus zugeben und mit gerade so viel heißer Gemüsebrühe aufgießen, dass das Mus weder zu suppig, noch zu fest wird. Nochmals 5 Minuten kochen lassen.
4) Tomatenmus in eine Servierschüssel geben, mit 4 EL Olivenöl beträufeln und, falls gewünscht, mit Parmesan bestreuen. Kalt oder warm genießen.

Kartoffelpüree mit Safran

Puré di patate e zafferano

aus San Gimignano

Klein, aber oho! Mehr als 70 Wohntürme ragten im mittelalterlichen San Gimignano auf. Die durch das kleine Städtchen von Norden nach Rom führende Frankenstraße bescherte einträglichen Handel, der Anbau von Safran für die Küche und das Färben von Stoffen Wohlstand bis Luxus. Als sich die Handelswege später auf bequemere Straßen in den entwässerten Flusstälern verlegten, geriet San Gimignano ins Abseits – seinen mittelalterlichen Stadtorganismus erhielt es sich jedoch bis heute. Noch viele traditionsreiche Rezepte zeugen von der einstigen Beliebtheit der kleinen, orangegelben Safranfäden, von denen man in jeder Blüte nur drei bis vier findet. Sein Geschmack, eine Kombination aus angenehm scharf, leicht bitter und honigartig süß, wird immer noch hoch geschätzt.

Für 4 Personen

750 g mehlig kochende Kartoffeln
1½ TL Meersalz
8 Safranfäden
oder 1 TL gemahlener Safran
300 ml Milch
50 g Butter
½ – ¾ TL weißer Pfeffer
3 EL frisch geriebener Parmesan
3 EL frisch gehackte Petersilie

1) Kartoffeln waschen, schälen, würfeln und in einem Topf mit Wasser und 1 TL Meersalz etwa 12 Minuten weich kochen. Safranfäden mit der Milch in einer Tasse einweichen oder die Milch mit gemahlenem Safran verrühren.
2) Kartoffeln abgießen und in dem Topf zu Püree zerstampfen. Mit Safranmilch, Butter, ½ TL Meersalz und Pfeffer zu einer homogenen Masse rühren und noch einmal kurz aufkochen lassen. Parmesan darunter rühren und mit Petersilie bestreuen.

Bohnenpüree

Passato di fagioli

aus Florenz

Ponte Vecchio – die berühmteste, malerischste und älteste Brücke von Florenz. Dort schlugen schon die Römer auf ihrer Via Cassia eine Brücke über den Arno. Seit dem 13. Jahrhundert nisteten sich die typischen Läden und Wohnungen auf der Brücke ein – allen voran die Goldschmiede, deren berühmtester Künstler im 16. Jahrhundert Benvenuto Cellini war. Seit dieser Zeit serviert man Bohnenpüree – ähnlich wie bei uns Kartoffelpüree – als Beilage zu zahlreichen köstlichen Gerichten.

Für 4 Personen

400 g getrocknete weiße Canellini-Bohnen
1 Handvoll frische Salbeiblätter
1 TL Fenchelsamen
8 EL Olivenöl
¼ TL Peperoncino (Chilipulver)
1 TL schwarzer Pfeffer
1½ TL Meersalz
¼ TL frisch geriebener Muskat

1) Bohnen über Nacht oder mindestens 12 Stunden einweichen.
2) Die Bohnen abgießen, im Schnellkochtopf mit Wasser bedecken und mit Salbei, Fenchelsamen und 2 EL Olivenöl bei mittlerer Hitze etwa 50 Minuten weich kochen. (In einem normalen Topf dauert dies 1½ Stunden.)
3) Sobald die Bohnen weich sind, diese in einem Mixer mit so viel Kochwasser wie gewünscht zu Püree mixen. Einen Topf mit 3 EL Olivenöl erhitzen und das Bohnenpüree darin für wenige Minuten unter ständigem Rühren köcheln lassen, bis die Flüssigkeit verdampft ist.
4) Mit Peperoncino, Pfeffer und Salz würzen. Das Püree in einer Servierschüssel anrichten, mit den restlichen 3 EL Olivenöl beträufeln und mit dem Muskat bestreuen.

Tipp: Florentiner Köche und Köchinnen verwenden dieses Bohnenpüree auch gerne als Füllung für Ravioli oder – mit Gemüsebrühe verdünnt – als Sauce zu Tagliatelle.

Kichererbsenpüree

Passato di ceci

aus Talamone

Wilder Westen. Die Etrusker waren die Ersten, die das Maremma-Gebiet trockenlegen und die fruchtbare Ebene im Süden der Toskana landwirtschaftlich nutzen konnten. In der Römerzeit versumpfte die einstige Kornkammer wieder und erst vor 80 Jahren entwässerte man die Maremma wieder vollends. Zum Glück, denn dadurch haben sich noch etliche ursprüngliche Feuchtgebiete erhalten. Im Naturschutzgebiet von Uccellina kann man noch heute sehen, wie die *Butteri,* italienische Cowboys, auf ihren Pferden die berühmten langhörnigen Rinder und die letzten frei lebenden Wildpferde beaufsichtigen. In der Maremma liebt man gehaltvolle und schmackhafte Mahlzeiten, beispielsweise mit Kichererbsen.

Für 4 – 5 Personen

300 g Kichererbsen
1 l Wasser
500 g Tomaten
7 EL Olivenöl
10 frische Salbeiblätter
50 g frisch gehacktes Basilikum
1 TL Meersalz
1 TL schwarzer Pfeffer
½ TL frisch geriebener Muskat

1) Kichererbsen über Nacht oder mindestens 12 Stunden in Wasser einweichen.
2) Kichererbsen abgießen und in einem Schnellkochtopf mit 1 l Wasser 45 – 50 Minuten weich kochen. (Im normalen Topf dauert dies 1¼ Stunden.) Tomaten in kochend heißem Wasser blanchieren, enthäuten und klein schneiden.
3) Kichererbsen, Tomaten und 250 ml Kochwasser in einem Mixer zu cremigem Mus pürieren. Nach Wunsch können Sie auch etwas mehr Kochwasser verwenden.
4) Einen Topf mit 3 EL Olivenöl erhitzen, Salbeiblätter darin wenige Sekunden anrösten. Nun das Püree hinzufügen und mit Basilikum, Salz, Pfeffer und Muskat würzen. Kichererbsenpüree in eine Servierschüssel geben, in die Mitte eine Vertiefung drücken und das restliche Öl hineinträufeln. Heiß servieren.

Piatti al forno – Ofengerichte

Ein Schmaus für die Sinne. Viele toskanische Ofengerichte verdanken ihre Entstehung einer Gesetzeslücke. Um das Prunkgehabe der Wohlhabenden einzuschränken, erließen die Stadtrepubliken im Mittelalter sogenannte Luxusgesetze. Damit wurden nicht nur Kleidung und Schuhe reglementiert, sondern auch die Anzahl und Art der Gänge beim Essen. Der Inhalt einer Pasta oder Torta war allerdings nicht vorgeschrieben – und so wurden diese bald mit allem gefüllt, was es an kulinarischen Köstlichkeiten gab.

Rosmarinkartoffeln im Backofen

Patate al rosmarino

aus Livorno

Die Kraft der grünen Kräuter. Die Verlandung des Hafen von Pisa machte das Glück von Livorno aus. 1571 begannen die Arbeiten für den neuen, bald größten Hafen der Toskana. Und 1577 gründeten die Medici ihre Stadt Livorno, die als ideale Stadt im Sinne der Renaissance entworfen wurde; die Innenstadt zeigt noch heute die schachbrettartige Anlage. Aus der bunten Mischung der neuen Bürger entstand ein sympathischer, offener, toleranter Menschenschlag mit außergewöhnlichen Küchenspezialitäten. Was die Kartoffeln so aromatisch macht, ist frischer Rosmarin.

Für 4 Personen

1,2 kg (12 – 14 Stück) mittelgroße Kartoffeln
3 – 4 EL Olivenöl
12 – 14 kleine frische Rosmarinzweige
1 TL Meersalz
1 TL schwarzer Pfeffer
½ TL frisch geriebener Muskat

1) Kartoffeln mit Schale gründlich waschen und jeweils einmal der Länge nach einschneiden. Backofen auf 200 °C vorheizen. Olivenöl in eine ofenfeste Form gießen, die Kartoffeln mit ihren Schnittflächen darin wenden und jeweils ein Rosmarinzweigchen einstecken. Mit reichlich Salz, Pfeffer und Muskat bestreuen.
2) Etwa 1 Stunde lang bei 200 °C goldbraun backen. Falls erforderlich zwischendurch noch mit etwas Olivenöl beträufeln. Heiß servieren.

Tipp: Zaubern Sie aus Rosmarinkartoffeln auch einmal ein Hauptgericht: Einfach 500 g Zucchini in dicke Scheiben oder Streifen schneiden und in Öl wenden. Haben die Rosmarinkartoffeln 45 Minuten Backzeit hinter sich, die Zucchini dazugeben und 15 – 20 weitere Minuten backen. Salz, Pfeffer und etwas Thymian darüber und frischen Salat dazu – fertig!

Pikanter Dinkelkuchen mit Ricotta

Torta di farro

aus Lucca

Altbewährtes neu entdeckt. Obwohl Dinkel oder *Farro*, wie er in der Toskana heißt, neben Reis das älteste kultivierte Getreide ist, wäre er fast in Vergessenheit geraten. Kaum mehr baute man ihn noch außerhalb der Region von Lucca an, dabei wurde seit Generationen das tägliche Brot mit Dinkel gebacken. Erst seitdem man von seinem gesundheitlichen Wert weiß, hat sich dies geändert. In der Region von Lucca werden die Menschen sehr alt – weil sie so viel Dinkel essen, wie sie stolz bekunden. In der Garfagnana gibt es noch heute einige Mühlen, in denen Dinkel wie vor Jahrhunderten gemahlen wird.

Für 4 Personen
Für eine Springform
mit 24 cm Durchmesser

300 g Dinkelreis (siehe Seite 38)
200 g Auberginen
20 schwarze Oliven
1 Handvoll frische Borretschblätter
3 EL Olivenöl
2 EL Semmelbrösel oder Kleie
250 g Ricotta
50 g frisch geriebener Parmesan
1 TL fein gehackter frischer Ingwer
2 EL frische Thymianblätter
2 TL Meersalz
1 TL schwarzer Pfeffer
½ TL frisch geriebener Muskat

1) Den Dinkel in einen Topf mit 750 ml Wasser geben. Bei mittlerer Hitze zugedeckt etwa 20 Minuten kochen, bis die Körner weich sind und die Flüssigkeit absorbiert haben. Gelegentlich mit einem Holzlöffel umrühren.
2) In der Zwischenzeit die Auberginen waschen und der Länge nach halbieren. Mit einigen Tropfen Olivenöl beträufelt im Backofen bei 220 °C 15 Minuten backen, bis das Fruchtfleisch weich ist. Die Oliven, falls nötig, entsteinen und halbieren. Borretschblätter waschen, trockenschütteln und fein hacken. Springform mit 2 EL Olivenöl einfetten und mit Semmelbröseln oder Kleie ausstreuen. Auberginen enthäuten und in Stücke schneiden.

3) Die weichen Dinkelkörner mit Ricotta, Auberginen, Parmesan, Oliven, Ingwer, Kräutern, Gewürzen und 1 EL Olivenöl vermengen, in die Springform geben und glatt streichen.

4) Den Dinkelkuchen 45 – 50 Minuten bei 200 °C goldbraun backen. Nach dem Backen den Kuchen einige Minuten in der Form abdampfen lassen, dann mit einem scharfen Messer vom Rand lösen und auf eine Servierplatte heben.

Tipp: Dieser pikante Dinkelkuchen schmeckt besonders lecker zu Gemüsegerichten, Salat oder Saucen wie Pecorino-Safran-Sauce (siehe Seite 151).

Fenchel-Reis-Torte

Torta di riso con finocchio

aus San Gimignano

Leckere Gesetzeslücke. Um das prahlerische Gehabe der Wohlhabenden einzuschränken, erließen die toskanischen Stadtrepubliken im Mittelalter sogenannte Luxusgesetze. Diese regelten nicht nur Kleidung und Schmuck, sondern auch Anzahl und Art der Gänge beim Essen. Selbst bei einem Hochzeitsmahl durften inklusive Nachspeise nicht mehr als drei Gänge aufgetragen werden. Das erklärt die zahllosen toskanischen Pasta- und Torta-Rezepte: Einfache Nudeln und auch Reiskuchen wurden – erlaubterweise – mit allem gefüllt, was die Natur an Köstlichkeiten zu bieten hatte. Hier ist es vor allem der Fenchel, dem der Safran, der im mittelalterlichen San Gimignano kultiviert wurde, Farbe und ein besonderes Aroma verleiht.

Für 4 Personen
Für eine Tarte- oder Springform mit 26 cm Durchmesser

1 Msp gemahlener Safran oder 6 Safranfäden
500 ml Milch
450 g Gemüsefenchel mit viel grünem Fenchelkraut oder zusätzlich 3 – 4 EL wildes Fenchelkraut
600 ml Wasser
300 g Rundkornreis (Arborioreis)
¼ TL Zimt
3 EL Olivenöl
¾ TL schwarzer Pfeffer
1 Msp Peperoncino (Chilipulver)
1½ TL Meersalz
Fett für die Tarte- oder Springform
3 EL Mandelblättchen
3 EL Sojamehl
6 EL Wasser
4 EL Sahne
150 g geriebener Pecorino
50 g geriebener Parmesan
4 EL frische Thymianblätter

1) Safran in die Milch geben und 10 Minuten quellen lassen. Fenchel waschen und in sehr kleine Würfel schneiden. Das grüne Fenchelkraut fein hacken.
2) Wasser und Safranmilch in einem Topf zum Kochen bringen. Reis, Fenchelkraut und Zimt hinzufügen. Reis unter gelegentlichem, vorsichtigem Rühren bei mittlerer Hitze 25 – 30 Minuten kochen, bis er gar, aber nicht zu weich ist.

3) In der Zwischenzeit den Fenchel in einer Pfanne in Olivenöl goldbraun rösten, mit Pfeffer, Peperoncino und Salz würzen.
4) Backofen auf 200 °C vorheizen. Tarte- oder Springform einfetten und mit Mandelblättchen ausstreuen. Sojamehl in einer großen Tasse mit dem Wasser und der Sahne verrühren und unter den Reis heben. Fenchel, Pecorino, Parmesan und Thymian ebenfalls vorsichtig unterheben.
5) Reismasse in die Form geben, glatt streichen und in 45 Minuten goldbraun backen. Den Reiskuchen einige Minuten in der Form abdampfen lassen, anschließend aus der Form nehmen und auf eine Platte legen.

Tipp: Salat nach Gärtnerinnen Art (siehe Seite 146) oder Tomaten-Kapern-Sauce (siehe Seite 149) passen besonders gut zu dieser Reistorte.

Weiße Bohnen aus dem Backofen

Fagioli al forno

aus Florenz

Immer mit der Ruhe. Am allerbesten schmecken Bohnen, wenn man sie ganz langsam gart. Früher gab man sie dazu in einen Tontopf mit Deckel und ließ sie auf einem kleinen, mit Holzkohle befeuerten Öfchen viele Stunden bei niedriger Temperatur garen. Oder man füllte sie in mundgeblasene, bauchige Chianti-Flaschen und stellte sie über Nacht in die Glut eines verglimmenden Feuers oder nach dem Brotbacken 6 bis 8 Stunden in den noch warmen Holzbackofen. So hatten die Bohnen genug Zeit, in der gleichmäßigen und nicht zu starken Hitze das Aroma der Küchenkräuter anzunehmen. So gegart sind Bohnen am bekömmlichsten und zartesten.

Für 4 Personen

300 g große weiße (Toscanelli-)Bohnen
5 EL Olivenöl
1 Handvoll frische Salbeiblätter
1 kleiner frischer Rosmarinzweig
1 Knoblauchzehe, falls gewünscht
½ TL Asafoetida, falls gewünscht
1 TL Meersalz
¾ TL schwarzer Pfeffer

Zum Beträufeln:
Olivenöl
eventuell Zitronensaft

1) Bohnen über Nacht oder mindestens 12 Stunden in Wasser einweichen.
2) Backofen auf 150 °C vorheizen. Bohnen abgießen und in einen ofenfesten Topf (am besten aus Ton: Römertopf) geben. Olivenöl, Salbei, Rosmarin und – falls gewünscht – geschälte Knoblauchzehe und Asafoetida dazugeben und mit so viel Wasser aufgießen, dass die Bohnen 1 cm mit Wasser bedeckt sind. Die Bohnen 3 – 3½ Stunden zugedeckt garen, bis sie zwar weich sind, jedoch noch nicht alle Flüssigkeit absorbiert haben.
3) Vor dem Servieren mit Meersalz und Pfeffer bestreuen und mit reichlich Olivenöl und eventuell etwas Zitronensaft beträufelt heiß servieren.

Tipp: Brot wie Dinkel-Kartoffel-Brot (siehe Seite 59) darf bei diesem Gericht auf keinen Fall fehlen. Und falls Sie keine großen weißen Toscanellibohnen bekommen, tun es auch die kleineren weißen Canellinibohnen.

Zucchiniauflauf

Tortino di zucchine

aus Florenz

»Ich gestehe, dass ich nächst dem Genuss der Kunstwerke ersten Ranges von nichts so viel Freude hatte und an nichts so gerne zurückdenke, wie an die naiven Unterhaltungen mit Wolken, Bäumen, Kindern und Tieren.« Schon Hermann Hesse zog sich gerne in den Boboli-Garten zurück, wenn er in Florenz den Wald der schönen Kunst vor lauter einzelnen Kunstwerken nicht mehr sehen konnte. Dabei hat die Stadt am Arno nicht nur knapp 80 Kirchen und Klöster, rund 40 Museen und Galerien sowie über 200 Paläste zu bieten, sondern auch unzählige delikate Gerichte. Küchenkräuter sind hierbei häufig der besondere Clou.

Für 4 Personen

100 g altbackene Brotscheiben oder Brötchen
200 ml Milch
50 ml Wasser
1 kg Zucchini
3 EL Olivenöl
100 g Parmesan oder Käse nach Wahl
4 EL Sojamehl
8 EL Wasser
1½ TL Meersalz
1 TL schwarzer Pfeffer
½ TL frisch geriebener Muskat
½ TL Paprikapulver
3 – 4 EL gehacktes Basilikum
1 EL gehackter Thymian
Olivenöl für die Auflaufform

1) Brotscheiben oder Brötchen in eine Schüssel bröckeln und in dem Milch-Wasser-Gemisch einweichen (Flüssigkeitsmenge nach Bedarf anpassen).
2) Zucchini in dünne Scheiben schneiden. Eine große Pfanne mit 3 EL Olivenöl erhitzen und Zucchini 10 Minuten unter häufigem Rühren sautieren, bis die heraustretende Flüssigkeit verdampft ist. Parmesan oder Käse nach Wahl reiben und auf die Seite stellen.
3) Eine Auflaufform einfetten. Backofen auf 200 °C vorheizen.
4) Sojamehl mit Wasser in einer Schüssel zu einer homogenen Masse rühren. Nach und nach Brotbrei, Gewürze, Kräuter, Parmesan (5 EL zurückbehalten) und Zucchini unterheben. Die Masse in die Auflaufform füllen und mit dem restlichen Käse bestreuen.
5) Auflauf 50 Minuten mit Alufolie bedeckt backen, dann 10 – 12 Minuten zum Bräunen ohne Folie weiterbacken (ideal: Grilleinstellung oder Oberhitze).

Dinkel-Kichererbsen-Auflauf

Stufato di farro e ceci

aus Florenz

Für Gourmets. Auch wenn man sie im Allgemeinen den Franzosen zuschreibt, stammt die Béchamelsauce in Wirklichkeit aus der Toskana. Einer der königlich französischen Köche machte sich offenbar recht unbeliebt bei anderen Höflingen, die es vorgezogen hätten, wenn er die Sauce nach ihnen benannt hätte, statt nach Louis de Béchamel, dem Marquis de Nointel und Haushofmeister Ludwigs XIV. In der Toskana war die Béchamelsauce schon viel früher ein beliebtes Rezept, das im Bataillon der Köche von Katharina de Medici an den Hof des französischen Königs Heinrich II. kam. Die damals 14-jährige Braut konnte auf ihre geliebten toskanischen Rezepte nicht verzichten – und fand in den Franzosen würdige Genießer der heimischen Colla-Sauce.

Für 4 Personen

150 g Kichererbsen
250 g Dinkelreis (siehe Seite 38)
500 g Kürbis
5 EL Olivenöl
¾ TL Paprikapulver
3 EL frische Majoranblätter
10 kleine frische Salbeiblätter

Für die Béchamelsauce:
50 g Butter
50 g Weizenmehl
400 ml Milch
200 ml Wasser
½ TL frisch geriebener Muskat
½ TL schwarzer Pfeffer
1 ½ TL Meersalz
1 Zweigchen frischer Rosmarin
80 g frisch geriebener Parmesan oder 100 g Mozzarella

1) Kichererbsen über Nacht oder mindestens 8 Stunden in Wasser einweichen.
2) Kichererbsen in einem Schnellkochtopf mit 750 ml Wasser 45 Minuten weich kochen. (Im normalen Topf beträgt die Kochzeit etwa 1 Stunde.) Dinkel in einem zweiten Topf mit 625 ml Wasser 15 Minuten kochen, bis die Körner weich sind.
3) In der Zwischenzeit den Kürbis waschen, entkernen, schälen und in sehr kleine Würfel schneiden. 3 EL Olivenöl in einer Pfanne erhitzen und den Kürbis 10 Minuten goldbraun braten. Anschließend mit Paprika, Majoran und Salbei würzen.

4) Für die Sauce: Butter in einem Topf schmelzen, das Mehl goldgelb rösten und unter ständigem Rühren vorsichtig mit kalter Milch und Wasser aufgießen. Sauce mit Muskat, Pfeffer, Salz und Rosmarinblättern würzen und auf kleiner Flamme köcheln lassen, bis sie etwas eingedickt ist. Zum Abschluss Kichererbsen in einem Mixer pürieren und unter die Béchamelsauce rühren.

5) Dinkelkörner mit den Kürbiswürfeln mischen. Backofen auf 200 °C vorheizen. Auflaufform mit dem restlichen Olivenöl einfetten. Die Hälfte der Dinkelmischung in die Form geben und mit der Hälfte der Béchamelsauce bedecken. Dann die zweite Hälfte Dinkel und die restliche Sauce darübergeben. Mit geriebenem Parmesan bestreuen oder mit in Scheiben geschnittenem Mozzarella belegen. Auflauf 25 Minuten backen, bis die Oberfläche goldbraun und knusprig ist.

Pfannkuchenauflauf

Tortino di frittate

aus Florenz

Der schönste Blick auf Florenz bietet sich vom Piazzale Michelangelo, 50 Meter über der Stadt. Von dem Platz, der nach dem bedeutendsten Künstler Italiens, dem berühmtesten Sohn der Toskana benannt ist, liegt alles zum Greifen nahe. Dabei ist Florenz nicht nur auf künstlerischem Gebiet einzigartig, sondern auch in kulinarischer Hinsicht. Aus allen Teilen Italiens und selbst aus dem Ausland kamen Kochkundige an den Florentiner Hof. Dieses Rezept lebt vom Mozzarella, dem zart elastischen Weichkäse.

Für 4 Personen

Für den Pfannkuchenteig:
200 g Weizenvollkornmehl
200 ml Milch
200 ml Mineralwasser
Olivenöl zum Ausbacken

Fett für die Auflaufform

Für die Tomatensauce:
600 g Tomaten
4 EL Olivenöl
3 EL frisch gehackter Salbei
2 EL frische Thymianblätter
½ TL Meersalz
½ TL schwarzer Pfeffer

Für die Walnuss-Sahne-Sauce:
40 g Butter
50 g Weizenmehl Type 1050
225 ml Milch
225 ml Wasser
4 – 5 EL Sahne
60 g grob gehackte Walnüsse
4 – 5 EL frisch gehacktes Basilikum
1½ TL Meersalz
1 TL weißer Pfeffer
¾ TL frisch geriebener Muskat

Zum Belegen:
1 – 2 EL Olivenöl
300 g Mozzarella
1 TL getrockneter Thymian

1) Die Zutaten für den Pfannkuchenteig nach und nach miteinander verrühren und 30 Minuten ruhen lassen.
2) In der Zwischenzeit die Tomatensauce zubereiten: Tomaten blanchieren, enthäuten und in kleine Würfel schneiden. Topf mit 4 EL Olivenöl erhitzen, Tomaten, Kräuter, Salz und Pfeffer dazugeben und auf kleiner Flamme 10 Minuten köcheln lassen.
3) Für die Sahnesauce: Butter in einem Topf schmelzen und darin Mehl unter ständigem Rühren 2 Minuten rösten. Nach und nach kalte Milch und Wasser dazugeben und die Sauce unter ständigem Rühren 5 Minuten köcheln lassen, bis sie etwas eindickt. Nun Sahne, Walnüsse, Basilikum, Salz, Pfeffer und Muskat hinzugeben.
4) 5 dünne Pfannkuchen in einer heißen, beschichteten Pfanne mit Olivenöl herausbacken. Mozzarella in dünne Scheiben schneiden.
5) Backofen auf 200 °C vorheizen. Eine große, runde Auflaufform einfetten, den ersten Pfannkuchen hineinlegen und mit Sahnesauce und 50 g Mozzarellascheiben belegen. Wiederholen Sie dies bis zum letzten Pfannkuchen. Auf dem obersten Pfannkuchen die Tomatensauce und die restlichen Mozzarellascheiben verteilen.
6) Den Pfannkuchenauflauf mit einer Alufolie bedeckt 25 Minuten bei 200 °C backen. Danach 5 – 10 weitere Minuten ohne Folie grillen (nur Oberhitze), bis der Auflauf goldbraun ist. Zum Abschluss mit etwas Olivenöl beträufeln und mit Thymian bestreuen. Sofort servieren.

Dinkelgratin mit Tomaten

Farro e pomodori al forno

aus Forte dei Marmi

Forte dei Marmi – Marmorfestung. Seine kleine Festung verdankt der elegante Badeort am Tyrrhenischen Meer dem österreichischen Großherzog Leopold I.. Seit 1788 gibt sie ihren Namen nicht nur den Marmorlagern der Apuanischen Alpen, sondern auch den luxuriösen Villen, gepflegten Badeanlagen und ausgedehnten Alleen. Schon im 19. Jahrhundert entstanden dort weltberühmte Strandbäder und Hotels. Dort fanden wir dieses leckere Dinkelrezept mit Tomaten und mediterranen Kräutern.

Für 4 Personen

200 g Dinkelreis (siehe Seite 38)
550 g Tomaten
150 g Bleichsellerie
200 ml Olivenöl
3 EL frische Majoranblätter
2 EL frische Thymianblätter
1 Zweigchen frischer Rosmarin
1 TL Meersalz
1 TL schwarzer Pfeffer
100 g Mozzarella oder Pecorino (vegane Variante siehe Tipp)
1 EL Zitronensaft

Tipp: Wenn's schnell gehen soll, können Sie auf das Überbacken verzichten: Einfach die zimmertemperierte Tomatenmischung unter den gekochten Dinkel heben, falls gewünscht mit etwas Parmesan bestreuen und sofort servieren. Auch als kühler, erfrischender Sommersalat schmeckt dieses Dinkelrezept sehr lecker.

1) Das Gemüse 2 – 3 Stunden vor dem Essen marinieren: Tomaten und Bleichsellerie waschen, in sehr kleine Würfel oder Scheibchen schneiden und in einer Auflaufform mit Olivenöl, Kräutern, Salz und Pfeffer einlegen.
2) Dinkel in einem Topf mit 500 ml Wasser bei mittlerer Hitze 15 Minuten kochen, bis die Körner weich sind.
3) Backofen auf 200 °C vorheizen. Gekochten und abgetropften Dinkel mit dem marinierten Gemüse mischen. Mit in Scheiben geschnittenem Mozzarella oder geriebenem Pecorino bestreuen und etwa 25 Minuten goldbraun backen. Vor dem Servieren mit etwas Zitronensaft beträufeln.

Zucchiniquiche

Torta di zucchini

aus Pisa

Weit gereist. Aus Mexiko brachten sie die spanischen Konquistadoren um 1500 nach Europa, wo Zucchini in Italien erstmals kultiviert wurden. Der Siegeszug der kleinen Kürbisgewächse (Kürbis heißt auf Italienisch *Zucca)* ist unaufhaltsam, heute wuchern Zucchini zur Sommerzeit auch nördlich der Alpen in vielen Hausgärten. Kein Wunder, denn Zucchini schmecken nicht nur gut, sondern sind auch pflegeleicht und fast das ganze Jahr zu haben.

Für eine Springform mit 26 – 28 cm Durchmesser

Für den Mürbeteig:
250 g fein gemahlener Weizen
125 g kalte Butter
2 EL kaltes Wasser
½ TL Meersalz
½ TL Natron

Für den Belag:
500 g Zucchini
1½ TL Meersalz
100 g Mozzarella
100 g milder Pecorino
1 EL Olivenöl
1 TL schwarzer Pfeffer
3 EL frisch gehacktes Basilikum
1 EL frischer Oregano
2 EL frische Thymianblätter
Olivenöl zum Beträufeln

Fett für die Springform

1) Mehl in eine Schüssel geben. Butter in kleine Stückchen hacken, mit dem Mehl und den restlichen Zutaten für den Mürbeteig sehr rasch verkneten und zu einer Kugel formen. Zugedeckt mindestens 30 Minuten kalt stellen.
2) Zucchini waschen und raspeln. Mit 1 TL Meersalz vermischen und ziehen lassen.
3) Teigkugel zwischen zwei Lagen Frischhaltefolien ausrollen, die eingefettete Springform mit dem Teig auskleiden und einen 3 cm hohen Rand bilden. Mit einer Gabel mehrmals einstechen. Bei 200 °C 15 Minuten vorbacken.
4) Die geraspelten Zucchini in einem Sieb oder Küchentuch pressen, bis kein Saft mehr herauskommt. Beide Käse in sehr kleine Würfel schneiden und mit Zucchini, Olivenöl, ½ TL Salz, Pfeffer und Kräutern vermengen.
5) Die Zucchini-Käse-Füllung auf dem vorgebackenen Boden verteilen. 25 weitere Minuten bei 190 °C backen. Nach dem Backen mit etwas Olivenöl beträufeln und heiß servieren.

Gefüllte Tomaten mit Ricotta

Pomodori ripieni con ricotta

aus Magliano in Toscana

Käse schließt den Magen. Zu jedem toskanischen Essen gehört er einfach dazu, der Käse: gerieben über Pasta und *Minestrone* oder stückweise am Ende des Mahles, als *Sapone della bocca,* »Seife des Mundes«. Neben Ricotta, dem typisch toskanischen Quark aus Schafsmilchmolke, haben wir dort auch noch den Büffelkäse Mozzarella und aromatisch frische Mittelmeerkräuter – alle aus der Maremma-Region.

Für 4 Personen

1 kg große Tomaten oder Fleischtomaten
100 g Zucchini
10 Zucchiniblüten
4 EL Olivenöl
1 EL frische Thymianblätter
2 EL frisch gehackte Borretschblätter
¼ TL frisch geriebener Muskat
¼ TL Peperoncino (Chiliflocken)
1 TL schwarzer Pfeffer
1½ TL Meersalz
50 g frisch gehacktes Basilikum
100 g Mozzarella
250 g Ricotta

1) Die Gemüse waschen. Stielansätze der Tomaten entfernen und die Früchte ein wenig aushöhlen, damit später die Füllung darin Platz finden kann. Ausgehöhltes Fruchtfleisch und Tomatensaft in einer Tasse aufbewahren. Zucchini in sehr kleine Würfelchen schneiden. Zucchiniblüten klein schneiden.
2) Die Zucchini in einer Pfanne mit 3 EL Olivenöl anbraten. Nach 2 Minuten das Fruchtfleisch der Tomaten *(ohne* Saft, damit die Füllung nicht zu flüssig wird) sowie Zucchiniblüten, Thymian, Borretsch, Basilikum, Muskat, Peperoncino, Pfeffer und Salz beigeben und alles etwa 5 Minuten köcheln lassen. Die Pfanne von der Kochstelle nehmen.
3) Backofen auf 200 °C vorheizen. Auflaufform mit 1 EL Olivenöl einfetten. Mozzarella in Würfel schneiden und mit Ricotta und der Füllung vermengen. Tomaten füllen und in die Form legen. Die Tomaten 35 – 40 Minuten backen und gleich servieren.

Tipp: Gefüllte Tomaten passen ideal zu Focaccia (siehe Seite 58) oder salzigen Brotstangen (siehe Seite 57).

Salatgratin mit Mozzarella

Lattuga con mozzarella

aus Fiesole

»Im Hintergrund erstreckt sich wie eine fantastische Bühnenlandschaft der Hügel von Fiesole – die etruskische Stammmutter von Florenz.« Matteo Marangoni, der langjährige Direktor der Galerien und Museen von Florenz, macht auf einen Villenvorort aufmerksam, der durchaus einen Besuch lohnt. An die große Vergangenheit erinnern noch die Mauerreste aus etruskischer Zeit, das römische Theater und der 1028 begonnene Dom. Auch auf kulinarischem Gebiet hat Fiesole Einiges zu bieten, wie unser erfrischendes Salatgratin beweist.

Für 4 Personen

800 g grüner Kopfsalat
100 g Rucola
1 l Wasser
1½ TL Meersalz
80 g Butter
oder Olivenöl
½ TL schwarzer Pfeffer
¼ TL frisch geriebener Muskat
200 g Mozzarella
oder siehe Tipp

1) Die Salate waschen und abtropfen lassen.
2) Kopfsalat grob zerpflücken. Einen Topf mit 2 l Wasser zum Kochen bringen und 1 TL Salz hineingeben. Kopfsalat 8 Minuten blanchieren, abtropfen lassen und vorsichtig so viel Flüssigkeit wie möglich herausdrücken.
3) Backofen auf 200 °C vorheizen. Rucola fein hacken. Butter schmelzen und in die Auflaufform geben oder Olivenöl in die Form geben. Kopfsalat mit Rucola darin wenden. Anschließend ½ TL Salz, Pfeffer und Muskat darüberstreuen und mit dünn geschnittenen Mozzarellascheiben belegen. Salatgemüse 12 – 15 Minuten überbacken, bis der Mozzarella goldbraun ist.

Veganer Guss: Statt Mozzarella können Sie auch einmal diesen leckeren Guss probieren: 50 g Mandelmus, 150 ml Sojadrink, 2 EL Würzhefeflocken, 1 TL körnige Gemüsebrühe und 1 EL Maisstärke verrühren und das Salatgemüse damit überbacken.

Grüne Nester

Nido di bietola alle erbe

aus Torre del Lago Puccini

Theater in der Kirche. Diesen Vorwurf machte man 1875 einem 17-jährigen jungen Mann, der die sonntäglichen Messen im Dom von Lucca allzu stürmisch auf der Orgel begleitete. Damit verlor der Jüngling alle Hoffnungen auf den väterlichen Posten als Domkapellmeister. Der Stadt ging ein begabter Organist verloren – die Welt aber gewann einen ihrer größten Opernkomponisten: Giacomo Puccini. Puccini wäre kein echter Toskaner, wenn er nicht auch ein großes Herz für die Küche gehabt hätte. In Lucca und dem nahen Dorf Torre del Lago Puccini, in dem er lebte, komponierte und kochte, schreibt man ihm viele Rezepte zu.

Für 4 – 6 Personen
Für 6 Nester

1,2 kg Mangold
1 l Wasser
1½ TL Meersalz
2 EL Olivenöl
150 g milder Pecorino oder Käse nach Wahl
½ TL frisch geriebener Muskat
¾ TL schwarzer Pfeffer
1 EL Oregano

1) Mangold waschen, die weißen Stiele abschneiden und zur Seite legen (siehe Tipp). Mangoldblätter in grobe Stücke schneiden. 1 l Wasser in einem großen Topf mit ¾ TL Salz zum Kochen bringen und darin die Mangoldblätter 3 – 5 Minuten blanchieren. Dann Mangold in einem Sieb abtropfen lassen, Flüssigkeit herausdrücken und abkühlen lassen.

2) Backofen auf 200 °C vorheizen. Auflaufform mit Olivenöl einfetten und den Käse in kleine Stücke schneiden. Mangold in 6 fest zusammengedrückte Kugeln teilen, in die Form legen und mit etwas Muskat, Pfeffer und Salz bestreuen. In jede Kugel eine nestartige Vertiefung drücken und etwas Pecorino hineingeben. Oregano über die Nester streuen und im Backofen 25 Minuten goldbraun backen, bis der Käse zerlaufen und schön krustig ist. Nester heiß servieren.

Tipp: Die übrig gebliebenen Mangoldstiele ergeben ein köstliches Snackrezept: einfach in einem Teig aus gewürztem Kichererbsenmehl herausbacken (siehe Seite 136).

Gebackener Stangensellerie

Sedani al forno

aus Maremma

Robin Hood der Maremma. Die südliche Maremma, wo heute die *Butteri,* die toskanischen Cowboys, ihre Viehherden zusammentreiben, war vor über 100 Jahren das Reich von Domenico Tiburzi. Aus Protest gegen soziale Ungerechtigkeiten wurde er zum Strauchdieb, der nur die Reichen bestahl. Das Volk sah in ihm den »guten Briganten«, den Helfer der Armen. Bekannt und geschätzt sind auch die leckeren Gemüsegerichte der Maremma. Unser Feinschmeckerrezept dreht sich ganz um Stangensellerie. Und natürlich um den Käse, der in der Maremma so aromatisch schmeckt, weil die Schafe auf ihren Weiden so viele Wildkräuter finden – vor allem wilde Anispflanzen mit ihren wertvollen ätherischen Ölen.

Für 4 Personen

750 g Stangensellerie (mit Blattgrün)
7 EL Olivenöl
4 EL Semmelbrösel
200 g Pecorino, Schafskäse oder Mozzarella
½ – ¾ TL Meersalz
½ – ¾ TL schwarzer Pfeffer

1) Selleriestiele waschen und in 12 cm lange Stücke schneiden. Die Stücke der Länge nach etwa 10 cm ein-, jedoch nicht ganz durchschneiden. Das Blattgrün (etwa 150 – 200 g) fein hacken.
2) Selleriestiele in ½ l Wasser 15 Minuten kochen. Das gehackte Blattgrün in einer heißen Pfanne mit 3 EL Olivenöl 2 Minuten anrösten, die Semmelbrösel hinzufügen und eine weitere Minute rösten.
3) Den Käse in längliche, dünne Scheiben schneiden. Selleriestiele abtropfen lassen und in die Schnittstellen jeweils eine Scheibe Käse geben (das Selleriekochwasser anderweitig, zum Beispiel für Suppen, verwenden.)
4) Eine Auflaufform mit 2 EL Olivenöl einfetten, die gefüllten Selleriestiele hineinlegen und mit geröstetem Blattgrün, Salz und Pfeffer bestreuen. Das restliche Olivenöl darübergeben und im Backofen bei 200 °C 15 Minuten backen, bis der Käse goldbraun ist.

Tipp: Noch etwas Olivenöl über den Sellerie geträufelt und frisches Brot dazu – und Sie haben eine edle Delikatesse.

Mangoldstiele im Knusperteigmantel

Gambe di bietola fritte

aus Siena

Der Spargel des kleinen Mannes. So wird Mangold im Volksmund genannt. Dabei ist es nicht nur sein Geschmack, der ihm diesen Ruf eingetragen hat. Auch mit seinen Inhaltsstoffen ähnelt er dem Spargel. Wann immer Sie in Ihrer Küche Mangold verwenden, werfen Sie die Stiele nicht weg, sondern denken Sie an dieses Rezept aus Siena – als leckerer und knuspriger Snack oder als Beilage.

Für 4 Personen als Beilage

1 kg Mangold
(für etwa 400 g Stiele)

Für den Teig:
100 g Kichererbsenmehl
125 ml Mineralwasser
¼ TL Peperoncino (Chilipulver)
½ TL gemahlener Koriander
¼ TL schwarzer Pfeffer
1 TL Meersalz

Zum Frittieren:
250 ml Olivenöl

Nach Belieben:
8 mittelgroße Borretschblätter
(falls erhältlich)
8 mittelgroße Salbeiblätter
(falls erhältlich)

1) Mangold waschen, die weißen Stiele abschneiden und abtropfen lassen. (Aus den Mangoldblättern lassen sich köstliche Hauptspeisen zaubern, zum Beispiel Grüne Nester, siehe Seite 134 oder Nackte Ravioli, siehe Seite 94.)
2) Kichererbsenmehl in eine Schüssel sieben und unter ständigem Rühren langsam das Mineralwasser hinzufügen. Der Teig sollte nicht zu dick, aber auch nicht zu dünnflüssig sein. Alle Gewürze und Salz dazugeben und den Teig 15 – 20 Minuten ruhen lassen.
3) Eine Pfanne mit dem Olivenöl erhitzen. Mangoldstiele in den Teig tauchen und im heißen, aber nicht rauchenden Öl herausbacken, bis sie gar, goldbraun und knusprig sind.

4) Mangoldstiele in einem Sieb abtropfen lassen und auf einen mit Küchenkrepp ausgelegten Teller legen, damit das überschüssige Öl aufgesaugt werden kann.

5) Falls Sie Borretsch- und Salbeiblätter haben, diese ebenfalls in den Teig tauchen und herausbacken.

Tipp: Falls gewünscht, können Sie die Mangoldstiele vor dem Frittieren noch 5 Minuten in heißem Salzwasser blanchieren.

Insalate e Sughi – Salate und Saucen

Im Restaurant werden Salate fast immer extra bestellt, den hinter *Insalata e Sugo* verbirgt sich weit mehr als eine Beilage. Wer einmal probiert hat, will dann auch rasch selbst – wie der Renaissance-Dichter Pietro Aretino – »wissen, wie sich der leichte scharfe und zartbittere Geschmack einiger Blätter mit den süßeren und weicheren Aromen anderer lindern lässt, um auf diese Weise eine abgerundete Mischung zu kreieren, bei der man nicht aufhören möchte zu essen.«

Toskanischer Brotsalat mit Tomaten

Panzanella

aus Florenz

»Ich glaube der Schöpfer eines solchen Salates kann nur ein Florentiner gewesen sein«, schrieb der geistvolle Satiriker Pietro Aretino Anfang des 16. Jahrhunderts satt und zufrieden. Recht hatte er, gerade für die heißen Florentiner Sommertage ist die leichte und erfrischende *Panzanella* oder *Panmolle* genau das Richtige. Besonders wichtig sind dabei natürlich die »grünen Wasserflaschen«, die Gurken. Dazu noch kalt gepresstes Olivenöl – und Ihrem Sommervergnügen steht nichts mehr im Weg.

Für 4 Personen

300 g altbackenes Brot
150 g Bleichsellerie oder Zwiebeln
500 g Tomaten
350 g Gurken
1½ – 2 TL Meersalz
1 TL schwarzer Pfeffer
100 ml Olivenöl
Saft einer halben Zitrone oder Balsamicoessig
25 frische Basilikumblätter

1) Brot in kleine Stücke brechen und in etwas Wasser einweichen. Gemüse waschen. Bleichsellerie oder geschälte Zwiebeln in hauchdünne Ringe und Tomaten in Viertel schneiden. Gurke schälen und in dünne Scheiben schneiden.
2) Wenn das Brot gut eingeweicht ist, das Wasser ausdrücken und abgießen. Die Brotstückchen in eine große Salatschüssel geben und mit Gemüse, Salz, Pfeffer, Olivenöl und Zitronensaft oder Balsamicoessig mischen. Mit den Händen die Basilikumblätter in kleine Stücke zupfen (so behält es sein Aroma) und unter den Salat heben.

Tipp: Panzanella wird in der Toskana meist als Antipasto gereicht. Für sich alleine gibt sie jedoch auch eine leichte Mahlzeit, die fit hält.

Sommerlicher Reissalat

Insalata di riso

aus Pisa

»Vom Zug aus sah ich Zypressen, deren Gipfel für die Perspektive die Höhe des fernen Gebirges hatten und beim Fahren die Höhenlinie wie Finger abfühlten.« Von der Gegend um Pisa war der junge Hermann Hesse schon bei seiner ersten Italienreise 1901 fasziniert. Und sicher auch von den Reisgerichten. Hier ein besonders leckeres Rezept, dass auch der Gesundheit viel zu bieten hat. Er ist leicht bekömmlich und ideal als leichtes Mittagessen im Sommer, für Picknicks, Radtouren, Partys oder nachdem die Familie vom Meer zurückgekommen ist. Er lässt sich schon im Voraus zubereiten.

Für 4 – 6 Personen

1 l Wasser
1½ TL Meersalz
250 g Rundkornreis (Arborioreis)
100 g gelbe Paprika
200 g Karotten
250 g kleine, zarte Zucchini
250 g italienische Flaschentomaten
100 g schwarze Oliven
200 g Mozzarella oder Tofu

Für das Dressing:
75 ml Olivenöl
1½ TL Meersalz
¾ TL schwarzer Pfeffer
2 EL Zitronensaft oder Balsamicoessig
1 Handvoll frische Basilikumblätter

1) Reis in einem Topf mit Wasser und Meersalz zugedeckt aufkochen und anschließend 18 Minuten (oder nach Packungsanleitung) bei mittlerer Hitze kochen lassen, bis er zwar weich, aber im Kern noch fest und nicht verkocht ist.
2) In der Zwischenzeit die Gemüse waschen, Paprika, Karotten und Zucchini fein raspeln, Tomaten in kleine Würfel schneiden. Zerkleinertes Gemüse in eine große Salatschüssel geben.
3) Den gekochten Reis abgießen, mit kaltem Wasser spülen, abtropfen lassen und mit dem Gemüse in der Schüssel mischen.

4) Die gehackten Oliven und den klein gewürfelten Mozzarella oder Tofu unterheben. Olivenöl, Meersalz, Pfeffer und Zitronensaft oder Balsamicoessig für das Dressing mischen. Dressing unter den Salat mischen und diesen für besseren Geschmack etwa 30 Minuten durchziehen lassen.

5) Kurz vor dem Servieren die frischen Basilikumblätter in kleine Stücke zerpflücken und unterheben. Reissalat zimmertemperiert servieren.

Tipp: Versuchen Sie, für diesen Salat zarte, junge Zucchini (etwa 10 Zentimeter lang) zu bekommen; sie schmecken besonders lecker.

Trauben-Käse-Salat

Insalata di uva con formaggio

aus Monteriggioni

Das Herz der Toskana. 14 Türme zieren die 570 Meter lange Ringmauer aus dem 13. Jahrhundert, die das Dorf Monteriggioni umschließt. Dort sind wir im weltbekannten Hügelland zwischen Siena und Florenz, dem Chianti. An der weit gerühmten Qualität der Weintrauben haben im Gebiet des Chianti Classico die fruchtbare Erde und die sonnigen Hügel zwischen 250 und 600 Meter Höhe – neben der Arbeit der Winzer – wohl den größten Anteil. Denken Sie zur Traubenzeit an dieses schnelle und köstliche Rezept. Denn Trauben erfrischen nicht nur, sondern tun auch Herz, Willenskraft und Vitalität gut. So aromatisch frisch kann ein typischer Toskanasalat schmecken!

Für 4 Personen

350 g kernlose Weintrauben
200 g Rucola
200 g Schafskäse
oder Ziegenkäse
1 Prise Meersalz
schwarzer Pfeffer
6 EL Olivenöl

Tipp: Zusammen mit etwas Brot oder Focaccia (siehe Seite 58) ist dieser leichte Salat eine leckere Vorspeise oder eine delikate Beilage.

1) Weintrauben waschen, von den Stielen zupfen und größere Trauben halbieren. Rucola waschen, abtropfen lassen und in mundgerechte Stücke schneiden. Schafs- oder Ziegenkäse in längliche Streifen schneiden.
2) Alle Zutaten miteinander mischen und auf einer schönen, großen und flachen Platte anrichten. Mit einer Prise Meersalz und reichlich frisch gemahlenem schwarzen Pfeffer aus der Mühle bestreuen sowie mit Olivenöl beträufeln.

Gegrillter Paprikasalat

Insalata di peperoni arrostiti

aus Grosseto

Festschmaus leicht gemacht. Grosseto und die Maremma kamen im 13. Jahrhundert unter die Herrschaft von Siena, das dort Salz, Getreide, Metalle und Hafenplätze suchte und fand. Heute findet man in der trockengelegten Ebene um Grosseto auch Gemüseplantagen; besonders die aromatischen Paprikaschoten gedeihen dort sehr gut. Was Paprika für die Gesundheit so wertvoll macht, sind vor allem der scharfe Wirkstoff Capsaicin, ätherische Öle und viele Vitamine. Enthäutet wie in diesem Rezept, sind Paprika nicht nur für jeden leicht bekömmlich, sondern auch sehr lecker – egal, ob warm oder kalt.

Für 4 Personen

1 kg gelbe und rote Paprika
½ – ¾ TL Meersalz
½ TL schwarzer Pfeffer
5 EL Olivenöl

1) Backofen auf 220 °C (nur Oberhitze oder Grill) vorheizen. Paprika waschen, der Länge nach vierteln, Stiele, Kerne und Zwischenwände entfernen. Paprika mit den Schnittflächen nach unten auf ein ungefettetes Backblech legen und in die oberste Einschubleiste des Ofens schieben.

Tipp: Dieser leichte Paprikasalat schmeckt nicht nur als Antipasto (mit Fladenbrot), sondern auch als Beilage zu einem mehrgängigen Menü.

2) 15 – 20 Minuten grillen, bis die Paprika leicht schwärzlich sind und kleine Blasen werfen. (Wer keinen Grill oder Backofen mit Oberhitze hat, kann die Paprika im Backofen bei 220 °C 25 – 30 Minuten backen oder mit einer Küchenzange über einer Gasflamme rösten, bis die Haut schwarz und blasig ist.)
3) Paprika auf einen großen Teller legen, diesen in eine Plastiktüte geben und verschließen, sodass der heiße Dampf die Häute lösen kann. Paprikahäute nach 10 Minuten abziehen und das Gemüse auf eine schöne Servierplatte legen. Zum Abschluss mit Salz und frisch gemahlenem Pfeffer aus der Mühle bestreuen und Olivenöl darüberträufeln.

Dinkel-Rucola-Salat

Insalata di farro con rucola

aus Collodi

Heimat des Pinocchio. Nach dem Dorf Collodi, nahe des mittelalterlichen Pescia und nicht weit von Lucca gelegen, benannte sich der Schriftsteller Carlo Lorenzini (Pseudonym Carlo Collodi). Im 19. Jahrhundert erfand er die Holzfigur des langnasigen Pinocchio mit seinen liebenswürdig menschlichen Schwächen. Von den Szenen des weltberühmten Romans, die im Parco di Pinocchio dargestellt sind, sind Kinder wie Erwachsene entzückt. Von dort, aus dem fruchtbaren Pescia-Tal, stammt auch dieser leckere Salat mit Dinkel, dem kraftvollen Urweizen: ideal für Haut und Haare, Herz und Magen. Dazu noch Rucola, den man bei uns auch Rauke nennt, und Vitaminhaushalt wie Abwehrkraft erreichen wieder ihre Hochform.

Für 4 – 6 Personen

300 g Dinkelreis (siehe Seite 38)
150 g Bleichsellerie
500 g Zucchini
3 EL Olivenöl
550 g Tomaten
50 g schwarze Oliven
100 g Rucola

Für das Dressing:
1 frische rote Peperoni
200 g saure Sahne
4 EL Olivenöl
Saft einer Zitrone
2 TL Meersalz
1 TL schwarzer Pfeffer
4 EL frisch gehacktes Basilikum
4 EL frisch gehackte Petersilie

Für die Dekoration:
Kapuzinerkresseblüten und -blätter oder 10 frische kleine Basilikumblätter

1) Dinkelreis in einem Topf mit 750 ml Wasser zugedeckt 15 Minuten weich kochen. Anschließend zum Quellen beiseite stellen.
2) Bleichsellerie waschen und in sehr dünne Scheiben schneiden. Zucchini waschen und in dünne, längliche Stifte schneiden.
3) Eine große Pfanne mit 3 EL Olivenöl erhitzen und den Sellerie darin 4 Minuten goldbraun rösten. Die Zucchinistifte hinzufügen und weitere 4 Minuten bei gelegentlichem Umrühren anbraten.

4) Tomaten klein schneiden, Oliven gegebenenfalls entkernen. Rucola waschen, abtropfen lassen und in grobe Stücke schneiden. Peperoni waschen, halbieren, Kerne und Stiel entfernen und das Fruchtfleisch sehr fein hacken. Peperoni mit den restlichen Zutaten für das Dressing in einer kleinen Schüssel verrühren.

5) Dinkel, Pfannengemüse, Tomaten, Rucola und Oliven in einer großen Salatschüssel mischen und das Dressing unterheben. Dinkelsalat 30 Minuten ziehen lassen. Vor dem Servieren mit frischen Kapuzinerkresseblüten und -blättern oder mit Basilikumblättern garnieren.

Tipp: Feinschmecker können diesen Salat auch noch mit etwas Mozzarella oder Schafskäse verfeinern.

Salat nach Gärtnerinnen Art

Insalata alla giardiniera

aus Borgo San Lorenzo

Schüsselweise genießen. Rucola, bei uns auch unter dem Namen Rauke bekannt, besteht wie jeder Salat zum größten Teil aus Wasser. Doch die restlichen Inhaltsstoffe können sich durchaus sehen lassen: neben vielen Ballast- und Mineralstoffen vor allem reichlich blutbildendes Chlorophyll und Bitterstoffe, die das Blut reinigen und den Darm und das Immunsystem stärken. Dabei ist dieser Salat nicht nur ein Schmaus für Gaumen und Gesundheit, sondern – verziert mit verschiedenen, zarten, essbaren Blütenblättern – auch ein Augenschmaus. Hier machen ihn die violetten Blüten des Borretsch und die rotorange blühende Kapuzinerkresse zur delikat-aromatischen Verführung. Ein edles Rezept aus Borgo San Lorenzo im Mugello, das seit Jahrhunderten ein beliebtes Erholungsgebiet der Florentiner ist.

Für 4 Personen

1 großer Kopfsalat
oder Römischer Salat
50 g Rucola
3 EL Sonnenblumenkerne
essbare Blüten, zum Beispiel
1 Handvoll blaue Borretschblüten, 1 Handvoll Kapuzinerkresseblüten, 4 kleine Ringelblumenblüten und einige gelbe Blütenblätter der Sonnenblume
20 kleine Minzeblätter

Für das Dressing:
7 EL Olivenöl
4 EL Zitronensaft
oder 2 EL Balsamicosirup
2 EL Ahornsirup
oder Birnendicksaft
1 ½ TL Meersalz
¾ TL schwarzer Pfeffer

1) Salat und Rucola waschen, abtropfen lassen und in mundgerechte Stücke zupfen. Sonnenblumenkerne in einem Pfännchen goldbraun rösten.
2) Alle Zutaten für das Dressing in einer großen Salatschüssel miteinander verrühren.
3) Kurz vor dem Servieren Salat und Rucola vorsichtig unter das Dressing heben, mit Sonnenblumenkernen bestreuen und mit Gartenblümchen und Minzeblättchen dekorieren.

Radicchiosalat mit Fenchel

Insalata di radicchio e finocchio

aus Arezzo

»Es ist bestimmt nicht unwichtig, genau zu wissen, wie sich der leicht scharfe und zartbittere Geschmack einiger Blätter mit den süßeren und weicheren Aromen anderer lindern lässt, um auf diese Weise eine abgerundete Mischung zu kreieren, bei der man nicht aufhören möchte zu essen.« Wenn es um Radicchio ging, konnte sich der Renaissance-Dichter Pietro Aretino aus Arezzo nicht mehr zurückhalten. Mit seinen Vitaminen und Bitterstoffen ist der dunkelrote Radicchio außerdem auch noch besonders gesund.

Für 4 Personen

250 g Radicchio
1 kleiner grüner Kopfsalat oder Römischer Salat
350 g Fenchel
300 g reife Tomaten
100 g Mozzarella

Für das Dressing:
6 EL Olivenöl
4 EL Zitronensaft oder 2 EL Balsamicosirup
1 TL abgeriebene Schale einer unbehandelter Orange
1 TL Meersalz
¾ TL schwarzer Pfeffer
2 EL frisch gehacktes Basilikum
3 EL geröstete Pinienkerne

1) Salate und Gemüse waschen. Salate grob zerpflücken. Den Fenchel in hauchdünne, 5 cm lange Streifen schneiden. Tomaten vierteln. Mozzarella in kleine Würfel schneiden.
2) Radicchio, grünen Salat und Fenchelstreifen in einer großen Schüssel mit Tomaten und Mozzarellawürfeln vorsichtig mischen.
3) Alle Zutaten für das Dressing (außer den Pinienkernen) in einer Tasse mischen und kurz vor dem Servieren unter den Salat heben. Abschließend mit gerösteten Pinienkernen bestreuen.

Meereskräutersauce

Sugo di erbe marine

aus Livorno

Venezia Nuova, Neu-Venedig, heißt in Livorno das malerische Stadtviertel, das sich zwischen der alten Medici-Festung und der neuen Festung von 1590 ausdehnt. In dieser Zeit wurde aus dem verschlafenen Städtchen Livorno der bis heute größte Hafen der Toskana. Algen, das schmackhafte Seegemüse, sind aus der Meeresküche nicht mehr wegzudenken. Gewonnen in klarem Wasser, werden sie nach dem Trocknen per Hand zu Blättern gepresst. Vor ihren Inhaltsstoffen kann man nur den Hut ziehen: fast alle Vitamine sowie viele Mineralstoffe und Spurenelemente. Mit ihrem Jodgehalt übertreffen Algen alle anderen Nahrungsmittel bei weitem. Hier geben sie einer Tomatensauce den besonderen Pfiff.

Für 4 Personen

700 g Tomaten
(ideal: Flaschentomaten)
3 – 4 EL in Salz eingelegte Kapern
4 EL Olivenöl
5 EL frisch gehackte Petersilie
2 EL frisch gehackte Minzeblätter
6 mittelgroße Borretschblätter
6 kleine frische Salbeiblätter
8 g getrocknete Algen
(etwa 1 Handvoll)
oder Menge nach Belieben
¾ TL schwarzer Pfeffer
eventuell ¼ TL Meersalz

1) Tomaten in heißem Wasser blanchieren, enthäuten und klein hacken. Kapern waschen und in Wasser einlegen.
2) Einen Topf mit dem Olivenöl erhitzen und darin die gehackten Kräuter 1 Minute rösten.
3) Anschließend Tomaten, abgegossene Kapern und die etwas klein gezupften Algenstreifen beigeben. Sauce ohne Deckel bei mittlerer Hitze 10 Minuten köcheln lassen, bis sie etwas eingedickt ist. Mit Pfeffer und, falls noch nötig, mit wenig Salz würzen. Sauce heiß servieren.

Tipp: Meereskräutersauce passt als leckerer Sugo zu jeder Pasta – gerne mit frisch geriebenem Pecorino oder Parmesan – oder als aromatisch würziger Aufstrich für geröstete Crostinischeiben. Getrocknete Algen bekommen Sie in asiatischen Lebensmittelgeschäften und in Naturkostläden.

Tomaten-Kapern-Sauce mit Basilikum

Salsa piccante di pomodoro e capperi

aus Florenz

»Für die ganze Florentiner Landschaft typisch ist die schön geschwungene Hügellinie, helle Farben, und die Villen, Klöster, Häusergruppen und Gartenmauern zwischen hohen, spitzen Zypressen oder Pinien.« Bereits das erste Mal, als der Schriftsteller Hermann Hesse in die Toskana reiste, war er mehr als begeistert. Wann immer es ging, kehrte er zurück.

Für 4 Personen

700 g Tomaten
3 – 4 EL in Salz eingelegte Kapern
100 g Stangensellerie mit grünem Kraut oder 1 Zwiebel
3 EL Olivenöl
¼ TL Peperoncino (Chilipulver)
150 ml Wasser
½ TL schwarzer Pfeffer
1 TL Meersalz
100 g Crème fraîche
50 g gehacktes frisches Basilikum

1) Tomaten blanchieren, enthäuten und klein schneiden. Kapern waschen und in etwas Wasser einlegen. Sellerie waschen und in sehr dünne Scheiben schneiden oder Zwiebel schälen und fein würfeln.
2) Einen Topf mit Olivenöl erhitzen, darin Sellerie oder Zwiebeln mit Peperoncino 5 Minuten sautieren. Anschließend Tomaten, Wasser, Kapern und Pfeffer hinzugeben und bei mittlerer Hitze 15 Minuten köcheln lassen, bis die Sauce etwas eingedickt ist. Salz, Crème fraîche und gehacktes Basilikum unterheben und 2 weitere Minuten köcheln lassen.

Tipp: Lecker schmeckt diese schnelle und leichte Sauce zu Polenta, Gnocchi und Pasta aller Art – natürlich heiß serviert. Versuchen Sie einmal folgende Variante der Gemüsepolenta von Seite 89: Eine große Schüssel mit kaltem Wasser ausspülen, die heiße Polenta hineinfüllen und glatt streichen. Zugedeckt 15 Minuten ruhen lassen. Die fest gewordene Polenta auf eine Platte stürzen und in etwa 1 cm dicke Scheiben schneiden. Polentascheiben auf einer Platte anrichten und mit heißer Tomaten-Kapern-Sauce oder einfach nur mit Olivenöl beträufelt reichen. Noch etwas geriebenen Parmesan darüber – und dem Essgenuss sind keine Grenzen mehr gesetzt!

Walnusssauce

Salsa di noci

aus Montepulciano

Perle der Renaissance. Seine stattlichen Renaissancepaläste und prächtigen Barockkirchen erhielt Montepulciano, nachdem es im 16. Jahrhundert Bischofssitz wurde. Herrlich auf einem Hügel zwischen dem Chiana- und Orcia-Tal gelegen, überrascht der Ort mit etruskischen Wurzeln in einer noch richtig toskanisch ländlichen Gegend. Von dort stammt dieses Nussgenuss-Rezept.

Für 4 Personen

30 g Butter
2 gehäufte EL Maisstärke
250 ml Milch
150 ml Wasser
70 g gemahlene Walnüsse
4 EL geriebener Parmesan, falls gewünscht
½ TL frisch geriebener Muskat
1 Msp Zimt
½ TL schwarzer Pfeffer
¾ TL Meersalz
3 EL frische Thymianblätter

1) Butter in einem Topf schmelzen und die Maisstärke 1 Minute darin rösten. Vorsichtig und unter ständigem Rühren mit der Milch und wenig später auch mit dem Wasser aufgießen. Bei niedriger Hitze für wenige Minuten köcheln lassen, bis die Sauce etwas eingedickt ist.
2) Walnüsse hinzugeben, mit Muskat, Zimt, Pfeffer und Salz würzen und Thymian dazugeben. Noch einmal kurz aufkochen lassen und gleich servieren.

Tipp: Walnusssauce passt hervorragend zu Gnocchi, Pasta und Risotto aller Art.

Pecorino-Safran-Sauce

Sugo ai formaggi

aus Maremma

1890, als Buffalo Bill mit seiner Truppe aus Cowboys, Indianern, Pferden und Bisons den Wilden Westen nach Europa brachte, kam es in Italien zu einem besonderen Rodeo-Wettkampf. Auf der einen Seite sollten die amerikanischen Cowboys die Wildpferde der toskanischen Maremma zureiten, auf der anderen Seite die *Butteri* (die Cowboys der Maremma) die wilden Hengste Nordamerikas. Der dreitägige Wettstreit endete wohl unentschieden, denn die amerikanischen Zeitungen berichteten vom Erfolg ihrer Landsleute, während die italienischen Zeitungen den *Butteri* den Sieg zusprachen. Noch heute beaufsichtigen die *Butteri* die Wildpferde und Rinder der Maremma-Feuchtgebiete, während sich Schafhirten um die Schafe kümmern, aus deren Milch der bekannte Pecorino hergestellt wird.

Für 4 Personen

200 g Sahne
½ TL Safranfäden
125 ml Weißwein oder Wasser
75 g klein geschnittener junger Pecorino
75 g frisch geriebener gereifter Pecorino
75 g geriebener Parmesan
¼ TL frisch geriebener Muskat
¾ TL weißer Pfeffer
½ TL Meersalz

1) Sahne, Safran und Weißwein oder Wasser in einem Topf bei mittlerer Hitze und unter gelegentlichem Umrühren etwas herunterkochen und eindicken lassen.
2) Die Käsesorten und Gewürze hinzufügen und auf kleiner Flamme noch etwas simmern lassen. Heiß servieren.

Tipp: Sollten Sie keinen Pecorino zur Hand haben, tun es natürlich auch andere Käsesorten, zum Beispiel Brennnessel-Gouda. Doch Toskaner werden nur mit richtigem Pecorino zufrieden sein.

Paprika-Sahne-Sauce

Salsa di peperoni e panna

aus Montecatini Terme

Reiseandenken. Als Kolumbus aus der Neuen Welt zurückkam, hatte er auch die Gemüsepaprika im Gepäck. Diese schmeckte offenbar so gut, dass sie bald fester Bestandteil der Mittelmeer- und auch der Balkanküche wurde. Den gewissen Pep bringt Paprika aber nicht nur unseren Speisen, sondern auch unserer Gesundheit.

Dieses Rezept stammt aus Montecatini Terme, dem Kurort mit Weltruf. Kombiniert mit Zucchini und aromatischen Kräutern, entsteht eine delikate Sauce, die zu vielen Gerichten passt.

Für 4 Personen

700 g rote Paprika
300 g Zucchini
3 EL Olivenöl
1 EL frisch gehackter Salbei
1 kleines Rosmarinzweigchen
100 – 150 g Sahne oder Sojasahne
4 EL frisch gehacktes Basilikum
¾ TL schwarzer Pfeffer
¾ TL Meersalz

1) Gemüse waschen. Paprikastrünke, Kerne und Mittelwände entfernen. Paprika im Backofen bei 220 °C für 15 – 20 Minuten mit den Schnittflächen nach unten grillen, bis sie Blasen werfen. Die gegrillten Paprika auf einen Teller legen und diesen 10 Minuten in eine Plastiktüte wickeln; der Dampf hilft später, die Häute zu entfernen.
2) Anschließend Paprika mit einem scharfen Messer enthäuten. Paprika und Zucchini in kleine Würfel schneiden.
3) Olivenöl in einer großen Pfanne oder einem Topf erhitzen und Gemüsewürfel, Salbei und Rosmarin darin 10 Minuten anbraten. Dann Sahne oder Sojasahne, Basilikum und eventuell etwas Wasser hinzufügen. Die Sauce mit Pfeffer und Salz würzen und einige Minuten köcheln lassen, bis sie etwas eingedickt ist.

Tipp: Wer möchte, kann die Paprikahaut auch auf andere Art entfernen: Paprika einfach mit einer Küchenzange so lange über einer Gasflamme rösten, bis die Haut ringsherum schwarz ist und abblättert.

Auberginen-Kräuter-Sauce

Sugo con melanzane e erbe

aus Certaldo

Umgeben von sanften, mit Weizen, Zypressen und Olivenbäumen bestandenen Hügeln, erhebt sich im Elsa-Tal das Städtchen Certaldo. Ein Gang durch die Gassen des mittelalterlichen Viertels führt uns um Jahrhunderte zurück. Noch heute wird man von der stillen Atmosphäre des kleinen toskanischen Ortes gefangen, in dem 1375 Giovanni Boccaccio starb. Sein berühmter Decamerone ist nicht nur ein Klassiker der italienischen Dichtung, er erwähnt auch das Küchenkraut Basilikum, das mit Alexander dem Großen nach Europa kam.

Für 4 Personen

3 EL Olivenöl
600 g Auberginen
50 g Butter
3 EL Weizengrieß
½ TL frisch geriebener Muskat
¼ TL gemahlener Koriander
2 EL frisch gehackte Salbeiblätter
3 EL frische Thymianblätter
150 g Sahne
350 ml Gemüsebrühe
1 TL Meersalz
1 TL schwarzer Pfeffer
3 EL frisch gehacktes Basilikum

1) Backofen auf 200 °C vorheizen. Eine Auflaufform mit 2 EL Olivenöl einfetten. Auberginen waschen, schälen und in dünne, 6 cm lange Streifen schneiden. Auberginenstreifen in der Form verteilen, mit 1 EL Olivenöl beträufeln und 20 Minuten backen.

2) In der Zwischenzeit Butter in einem Topf schmelzen und den Grieß unter ständigem Rühren mit Muskat, Koriander, Salbei und Thymian anrösten. Dann mit Sahne und Gemüsebrühe aufgießen und 5 Minuten bei schwacher Hitze köcheln lassen, bis die Sauce etwas eingedickt ist. Mit Salz, Pfeffer und Basilikum würzen. Die gebackenen Auberginenstreifen unter die Sauce heben und heiß servieren.

Tipp: Diese Sauce passt ausgezeichnet zu Pasta und Polenta.

Zucchini-Auberginen-Sauce

Salsa di zucchini e melanzane

aus Arezzo

»Dante genug zu bewundern und zu preisen fehlt mir fast die Kraft.« Das Lob des bedeutenden Dichters, der mit seiner Göttlichen Komödie die toskanische Volkssprache zur Schriftsprache Italiens erhob, stammt aus dem kompetenten Mund Petrarcas. Selbst ein bekannter Lyriker, schrieb Petrarca nicht nur in neuen Versen, der Sonettform, sondern präsentierte mit seiner Lyrik auch den neuen Menschen des Humanismus. Ein Mensch, der die eigene Selbstständigkeit, die Schönheit der Welt und die Freude am Leben zu entdecken begann. Noch heute nennt sich seine Geburtsstadt Arezzo Città di Petrarca. Und von dort stammt unser Rezept mit Auberginen.

Für 4 Personen

700 g Tomaten
150 g Auberginen
200 g Zucchini
4 EL Olivenöl
¼ TL Asafoetida
4 EL frisch gehackte Petersilie
15 frisch gehackte Salbeiblätter
1 Zwiebel, falls gewünscht
½ TL Peperoncino (Chilipulver)
½ TL schwarzer Pfeffer
1 TL Meersalz
2 EL frisch gehacktes Basilikum
1 Schuss Sahne, falls gewünscht

1) Tomaten blanchieren, enthäuten und klein schneiden. Auberginen und Zucchini waschen und in sehr kleine Würfel schneiden.
2) Olivenöl in einem Topf erhitzen und Asafoetida und das gewürfelte Gemüse, Petersilie, Salbei und, falls gewünscht, die geschälte, gehackte Zwiebel 5 Minuten goldbraun anrösten. Dann die Tomatenstückchen hinzufügen, mit Peperoncino, Pfeffer und Salz würzen und 10 Minuten bei mittlerer Hitze köcheln lassen. Zum Abschluss Basilikum und eventuell einen Schuss Sahne hinzufügen.

Tipp: Heiß serviert, eine ideale Sauce für Pasta, Gnocchi und Polenta!

Zucchiniblütensauce

Sugo con panna e fiori di zucca

aus Fiesole

Zucchinischwemme kein Problem. Bevor stolzen Gartenbesitzern angesichts wuchernder Zucchini die Ideen ausgehen oder sich vielleicht gar eine gewisse Sättigung breitmachen sollte, hier ein neues leckeres Rezept, bei dem nur die Blüten verwendet werden. Blüten in der Küche zu verwenden, hat eine lange Tradition. Erst in jüngerer Zeit wird man sich auch bewusst, was man damit für die Gesundheit tut: Gerade die sekundären Pflanzenstoffe sind ins Rampenlicht gerückt. Aus Fiesole stammt dieses edle Rezept. Ein stimmungsvolles Städtchen, dessen Hauptreiz seine herrliche Hügellage mit einem einzigartigen Blick auf Florenz ausmacht.

Für 3 Personen

350 g Zucchiniblüten (etwa 55 Stück)
60 g Butter
100 g Sahne
50 g frisch geriebener Pecorino oder Parmesan
½ TL Meersalz
¾ TL schwarzer Pfeffer
50 g frisch gehacktes Basilikum

Tipp: Wann immer Sie die Möglichkeit haben, an genügend Zucchini- oder auch Kürbisblüten zu kommen, denken Sie an dieses einfache und schnelle Rezept. Diese Sauce passt nicht nur hervorragend zu Pasta aller Art, sondern auch zu Pellkartoffeln, Polenta und Reis.

1) Zucchiniblüten 15 Minuten auf einem Stück Papier ausbreiten, damit etwaige Insekten noch flüchten können. Anschließend vorsichtig waschen, abtropfen lassen und die äußeren Blütenkelchblätter abzupfen. Blüten in grobe Stücke schneiden.
2) Butter in einem Topf schmelzen. Zucchiniblüten hineingeben und zugedeckt 3 Minuten köcheln lassen. Nun Sahne, Käse, Salz, Pfeffer und Basilikum hinzufügen und die Sauce 4 weitere Minuten auf kleiner Flamme offen köcheln lassen, bis sie etwas eingedickt ist.

Dolci – Desserts

Lust auf Genuss. In der Toskana weiß man zu leben, zu essen und zu genießen. Typischerweise reicht man am Ende einer Mahlzeit zuerst den Schafskäse Pecorino und erst danach das, was wir unter Dessert verstehen: Süßspeisen wie Kuchen, Torten, Gebäck, Früchte oder Eis. Es ist nahezu unmöglich, bei einem Essen mit so vielen Höhepunkten Schwerpunkte zu setzen. Die Toskaner umgehen dieses Problem, indem sie jeden Gang und natürlich auch das Dessert gleichermaßen würdigen und genießen: typisch toskanisch.

Knusprige Aniswaffeln

Brigidini

aus Pistoia

Nur 30 Kilometer östlich, gehörte Pistoia schon früh zum Herrschaftsbereich von Florenz. Doch Provinz ist diese ehemals römische Gründung deswegen noch lange nicht. Als einheimische Bankhäuser im 13. Jahrhundert ihren Tätigkeitsbereich bis nach Frankreich ausgedehnt hatten, gaben sie den Altar San Jacopo für den Dom in Auftrag: mit über 600 Figuren ein Meisterwerk der Silberschmiedekunst.

Unser knuspriges Waffelrezept stammt ursprünglich aus dem Kloster Santa Brigida in Pistoia. An langen Winterabenden wurden die Aniswaffeln dort am offenen Holzfeuer mit einem handgeschmiedeten Waffeleisen gebacken. Mit den traditionell langen Griffen des Waffeleisens machte es sich die Waffelbäckerin in angemessener Entfernung zum Feuer so richtig bequem.

Ergibt etwa 25 Aniswaffeln

200 g Dinkel- oder Weizenvollkornmehl
75 g Vollrohrzucker
75 g weiche Butter
1 TL geröstete Anissamen
1 Msp gemahlener Sternanis
1 TL gemahlene Bourbon-Vanille
1 Prise Meersalz
etwa 100 g Sahne oder 100 ml Milch
Fett für das Backblech

1) Alle Zutaten, mit Ausnahme der Sahne oder Milch, in einer Schüssel gut vermengen. Nur so viel Flüssigkeit zugeben, dass der Teig geschmeidig, aber nicht zu feucht ist (wie bei einem Plätzchenteig). Den Teig durchkneten, zu pflaumengroßen Bällchen formen und mit etwas Mehl zu runden, dünnen Fladen von 10 cm Durchmesser ausrollen.
2) Die Fladen auf ein gefettetes Backblech legen und bei 180 °C 6 – 9 Minuten goldbraun und knusprig backen, aber nicht anbrennen lassen.

Mandelzwieback

Biscotti di Prato

aus Prato

Knusprig, knackig und klein sind diese süßen Mandelzwiebacke aus Prato, 15 Kilometer vor den Toren von Florenz gelegen. Einer der bekanntesten Söhne Pratos war Francesco di Marco Datini – zu seiner Zeit einer der reichsten Kaufleute Europas. Weit über 100 000 Briefe und Geschäftsbücher aus seinem Nachlass vermitteln ein lebhaftes Bild vom Leben der beginnenden Renaissance: eine kleine, betriebsame Gesellschaft, in der sich die Menschen zwar städtisch kleideten, doch im Herzen die Schläue und Naturverbundenheit der Bauern bewahrt haben. Es ist auch eine Gesellschaft im Aufbruch, in der die Organisation der Gilden abgelöst wird durch die Herrschaft einiger weniger großer Unternehmer und die Kommunen von reichen Kaufleuten und Bankiers regiert werden.

Für den Teig:
150 g geschälte Mandeln
4 EL Sojamehl
8 EL Wasser
170 g fein gemahlener Roh-Rohrzucker
300 g fein gemahlener Dinkel
1 Msp Meersalz
1 TL Natron
6 Tropfen Bittermandelöl

Zum Bestreichen:
etwas Sahne oder Sojasahne

1) 100 g der Mandeln fein mahlen, 50 g grob hacken und auf die Seite stellen. Das Sojamehl mit dem Wasser in einer Rührschüssel verrühren und den staubfein gemahlenen Roh-Rohrzucker nach und nach unter ständigem Rühren hineinrieseln lassen.
2) Mehl mit Salz mischen und ebenfalls löffelweise unterrühren. In den letzten Rest des Mehls das Natron untermischen und ebenfalls dazugeben. Bittermandelöl und Mandeln unterheben und alles mit dem Handrührgerät gut durchrühren. Die Masse ist jetzt sehr fest und klebrig.
3) Teigmasse auf eine leicht bemehlte Arbeitsfläche geben und zu drei Rollen von jeweils 30 cm Länge und 2 ½ cm Durchmesser formen. Die Teigrollen in etwas Mehl wenden, bis sie nicht mehr kleben.

4) Die Teigstücke auf ein mit Backpapier ausgelegtes Backblech legen, mit etwas Sahne oder Sojasahne bestreichen und bei 180 °C 20 Minuten backen.

5) Die leicht abgekühlten, jedoch noch nicht fest gewordenen Rollen in 1 – 1½ cm dicke Scheiben schneiden. Diese mit genügend Abstand auf das Backblech legen und nochmals 5 Minuten backen, bis die Schnittkanten trocken sind.

Tipp: Zu heißer Milch oder Kräutertee sind Biscotti ein herrliches Gebäck. In einer Dose aufbewahrt, halten sie sich lange frisch – vorausgesetzt, sie werden nicht von Naschkatzen entdeckt.

Florentiner

Dolce alla Fiorentina

aus Florenz

Vor allem die eingeheirateten Damen von Adel verstanden es am Hof der Medici, die Gerichte ihrer Heimat mit Florentinischen Rezepten zu kombinieren. Clarice Orsini, die Gemahlin von Lorenzo dem Prächtigen, führte Elemente der römischen Küche ein, während Eleonora von Toledo, die Gattin von Cosimo I., die Spezialitäten ihrer spanischen Heimat mitbrachte. So entwickelte sich neben der Kunst der Gästebewirtung auch eine großartige Kochkunst, die in der Renaissance ihren Höhepunkt fand.

Für 24 Stück

Für die Florentiner:
100 g Butter
220 g Mandelstifte
50 g Orangeat
150 g Roh-Rohrzucker
1 EL Ahornsirup

Für die Carobglasur:
50 g Kokosfett
20 g fein gemahlener Roh-Rohrzucker
20 g Carobpulver

oder für Eilige: Kakaokuvertüre

1) Butter schmelzen, Mandelstifte mit dem Orangeat leicht anrösten, Roh-Rohrzucker dazugeben und so lange rühren, bis sich alles zu einer homogenen Masse verbunden hat. Ahornsirup dazugeben und nach wenigen Minuten von der Flamme nehmen. Die Masse leicht abkühlen lassen.
2) Florentiner backen: Da die zu kleinen Talern geformten Florentiner während des Backens (auf einem mit Backpapier ausgelegten Blech) stark zerlaufen, müssen sie sofort nach dem Backen (noch im warmen Zustand) wieder in ihre ursprüngliche Form gebracht werden. Oder aber Sie geben die Florentiner in kleine gefettete Förmchen oder Ringe. Bei 200 °C 10 – 15 Minuten goldbraun backen (je nach Größe und Form der Florentiner).
3) Für die Carobglasur: Kokosfett schmelzen, Roh-Rohrzucker in der Kaffeemühle fein mahlen und mit dem Carob unter das Kokosfett rühren.
4) Abgekühlte Florentiner mit den Rückseiten in die Carobglasur oder die im warmen Wasserbad verflüssigte Kakaokuvertüre tauchen und kalt stellen, bis die Glasur fest geworden ist.

Walnuss-Gewürz-Kekse

Cavallucci

aus Siena

Hier hat Süßes Tradition. Neben dem Palio, dem ältesten und waghalsigsten Pferderennen der Welt, ist Siena vor allem wegen seiner süßen Spezialitäten weit über seine Grenzen berühmt. Siena liegt im ältesten Teil der Toskana, dem einstigen Land der Etrusker. Auch Gebäck und Kuchenrezepte können dort auf eine lange Tradition zurückblicken. Immer um die Weihnachtszeit gibt es *Cavallucci,* Walnusskekse mit kräftigem Anisaroma.

Für 25 Stück

180 g Roh-Rohrzucker
125 ml Wasser
200 g Weizen- oder Dinkelvollkornmehl
120 g gehackte Walnüsse
60 g Orangeat
1 Msp gemahlener Sternanis
½ TL Zimt

1) Roh-Rohrzucker mit dem Wasser in einen kleinen Topf geben und bei mäßiger Hitze etwa 5 Minuten köcheln lassen. Die Hälfte des Mehls mit Walnüssen, Orangeat und Gewürzen in einer Schüssel mischen. Unter ständigem Rühren langsam den Zuckersirup unter die Mischung gießen und das restliche Mehl einarbeiten.
2) Den Backofen auf 150 °C vorheizen. Ein Backblech mit Backpapier auslegen und die Teigmasse mit einem Esslöffel in Häufchen auf das Blech setzen. Die Häufchen mit dem Löffelrücken leicht flachdrücken. Kekse etwa 35 Minuten backen, bis sie fest, aber weder hart noch gebräunt sind. Auf einem Gitter auskühlen lassen.

Amaretti

Mandelmakronen

aus Saronno

Wer Italien und seine Küche näher kennt, hat ganz bestimmt schon Bekanntschaft mit *Amaretti* geschlossen. Als Heimatstadt der leckeren Mandelmakronen gilt Saronno bei Mailand, wo die bis zu 10 Meter hohen Mandelbäume ihr bevorzugtes Klima vorfinden: mild, keine Spätfröste im Frühjahr und keine Frühfröste im Herbst. In der Toskana sind Mandeln von allen Nusssorten am beliebtesten.

Für 45 – 50 Stück

300 g Mandeln
6 Bittermandeln
1 TL gemahlene Bourbon-Vanille
½ TL Natron
300 g fein gemahlener Roh-Rohrzucker
3 EL Sojamehl
8 EL (120 ml) Milch oder Wasser
kleine Oblaten (44 mm Durchmesser)

1) Am besten am Vorabend die Mandeln in kochend heißes Wasser geben und 2 Minuten ziehen lassen. Mit kaltem Wasser abschrecken, Häute abziehen und auf einem Tuch ausgebreitet trocknen lassen.
2) Alle Mandeln fein mahlen, mit Vanille, Natron und einer Hälfte des Roh-Rohrzuckers mischen.
3) Sojamehl mit Milch oder Wasser in einen Rührbecher geben und mit dem Schneebesen des Handrührgerätes schaumig schlagen. Die andere Hälfte des Roh-Rohrzuckers nach und nach hineinrieseln lassen. Nun die Mandel-Zucker-Mischung unterrühren.
4) Da der Teig relativ klebrig ist, mit zwei Teelöffeln kleine Häufchen auf die Oblaten setzen und diese auf ein mit Backpapier ausgelegtes Blech legen. (Sie können die Makronen aber auch direkt auf das Backpapier setzen – ohne Oblaten.)
5) Makronen bei 175 °C 20 – 25 Minuten backen. Danach sofort vom Blech nehmen und auf einem Gitter auskühlen lassen.

Tipp: Für Genießer: Amaretti in etwas Amaretto (Mandellikör) getaucht genießen.

Walnusskrokant

Croccante con le noci

aus Castelnuovo

Göttlicher Genuss. Im alten Rom sagte man dem Walnussbaum nach, dass er die Weisheit der Überirdischen in sich trüge und an die Menschen weitergebe. Heute weiß man, dass Walnüsse nicht nur gut schmecken, sondern auch viel Energie liefern und das Nervensystem und das Gehirn stärken. Hier ein leckeres Rezept aus Castelnuovo, dem Hauptort der Garfagnana im Serchio-Tal, dessen Burg auf das 12. Jahrhundert zurückgeht.

Für 20 – 25 Stück

200 g Roh-Rohrzucker
50 ml Wasser
100 g Walnüsse

1) Zur Vorbereitung ein Tablett oder eine Platte mit Backpapier auslegen. Nun den Roh-Rohrzucker mit dem Wasser in einer Pfanne bei niedriger Temperatur erhitzen, bis sich der Zucker vollständig aufgelöst hat. Anschließend die Temperatur reduzieren und den Sirup etwa 5 Minuten leise köcheln lassen, möglichst ohne viel umzurühren. Dann die Pfanne von der Kochstelle nehmen und die Walnüsse unterrühren.

2) Die Krokantmischung so rasch wie möglich (!) auf der vorbereiteten Platte mit dem Backpapier verteilen, da die Masse beim Erkalten schnell fest wird. Krokant auskühlen lassen, in Stücke schneiden oder brechen und auf einem schönen Teller servieren.

Tipp: Sollten Sie von diesem leckeren Krokant etwas aufheben wollen, eignet sich dazu am besten ein luftdicht verschließbarer Behälter.

Mandelgebäck aus Florenz

Cantucci

aus Florenz

Florenz der kurzen Wege. Das Panorama von Florenz zieht den Besucher immer noch in seinen Bann. Rasch sticht die beeindruckende Domkuppel ins Auge, eine architektonische Glanzleistung, mit der ihr Schöpfer Filippo Brunelleschi auch in der Architektur die Renaissance einläutete. Um seinen Arbeitern den langen Weg vom Gerüst der 100 Meter hohen Kuppel zum Markplatz zu ersparen, hatte der Sohn eines Steinmetzes und Enkel eines Gastwirts in der Höhe Weinstuben und Wirtschaften errichten lassen. Dort gab es auch Cantucci, das leckere Mandelgebäck: eine Kraftquelle, der man auch heute kaum widerstehen kann.

Für 75 Stück

40 g frische Hefe
300 – 325 ml lauwarme Milch
800 g Dinkelvollkornmehl
600 g Vollrohrzucker
1 TL gemahlene Bourbon-Vanille
1 TL Zimt
500 g Mandeln
(davon 250 g geschält)
Fett für die Backbleche

1) Die Hefe in der lauwarmen Milch mit 100 g Dinkelvollkornmehl und 3 EL Vollrohrzucker verrühren und zugedeckt an einem warmen, zugfreien Ort 5 – 10 Minuten gehen lassen.
2) Restliches Mehl in eine große Schüssel geben, mit dem Vorteig zu einem elastischen Teig kneten und zugedeckt 45 Minuten gehen lassen. Anschließend den restlichen Vollrohrzucker, Vanille, Zimt und die ganzen Mandeln unter den Teig kneten und diesen nochmals 30 Minuten zugedeckt gehen lassen.
3) Teig auf eine bemehlte Arbeitsfläche geben und durchkneten. Dann den Teig in vier gleiche Teile schneiden und daraus vier längliche Rollen formen. Die Teigrollen auf gefettete Backbleche legen und mit einem Tuch abgedeckt 15 – 20 Minuten gehen lassen.
4) Teigrollen bei 175 – 180 °C 40 – 45 Minuten backen. Dann die noch warmen Rollen in dünne Scheiben schneiden. Die Kekse auf einem Kuchengitter vollständig auskühlen lassen.

Tipp: Zur Winterzeit können Sie die Cantucci mit weiteren Gewürzen wie Ingwerpulver, gemahlenen Gewürznelken, Kardamom oder Anis verfeinern.

Süße Gewürzbrötchen

Bolli

aus Livorno

Livorno, die lebendige Hafenstadt bei Pisa, zog nicht nur Waren, sondern auch Menschen aus aller Welt an. Und die brachten auch ihre Rezepte mit. In unseren Gewürzbrötchen beispielsweise schmeckt man die Einflüsse des Mittleren Ostens. Auch Zimt kam über die Gewürzstraßen Innerasiens bis in die Häfen der Toskana. Servieren Sie diese Brötchen mit Butter und Kastanienmarmelade, die es in italienischen Feinkostgeschäften gibt – mmh!

Für 20 kleine Brötchen

30 g frische Hefe
300 ml lauwarmes Wasser
500 g Dinkelmehl (Type 640)
200 – 250 g Vollrohrzucker
1 TL Anissamen
1 TL Zimt
1 Msp Ingwerpulver
1 Msp gemahlener Sternanis
1 EL Orangenblütenwasser oder abgeriebene Schale einer unbehandelten Orange
2 EL Olivenöl
Fett für das Backblech
3 EL Sahne oder Sojasahne
4 EL Mandelblättchen

1) Hefe in einer kleinen Schüssel mit 150 ml lauwarmem Wasser, 4 EL Mehl und 1 EL Vollrohrzucker verrühren. Den Vorteig zugedeckt an einem zugfreien Ort 15 Minuten gehen lassen, bis er Blasen wirft. Anissamen rösten.
2) Das restliche Mehl in eine große Schüssel geben und mit dem Vollrohrzucker vermischen. Nach und nach den Vorteig und das restliche lauwarme Wasser beigeben und alles zu einem glatten Teig kneten. Teig an einem warmen Ort zugedeckt 30 Minuten gehen lassen.
3) Gewürze, Orangenblütenwasser oder Orangenschale und Olivenöl unter den Teig kneten und nochmals 45 – 60 Minuten gehen lassen, bis sich sein Volumen verdoppelt hat.
4) Teig auf der leicht bemehlten Arbeitsfläche nochmals durchkneten. Kleine Brötchen formen und auf ein gefettetes Backblech legen. Mit Sahne oder Sojasahne bestreichen und mit Mandelblättchen bestreuen. Brötchen 20 weitere Minuten gehen lassen und anschließend im Backofen bei 200 °C 30 – 35 Minuten goldbraun backen. Auf einem Kuchengitter auskühlen lassen.

Reistorte mit Äpfeln

Pasticcio di riso e mele

von Elba

Bis heute die Insel Napoleons. Auf Elba verbrachte der Nicht-mehr und Noch-nicht-wieder-Kaiser eigentlich nur zehn Monate, bis er 1815 nach Paris zurückkehrte. Doch die Inselbewohner schwärmen noch immer von dem kleinen, großen Herrscher. Er fühlte sich wohl in diesem Ministaat, den man ihm noch gelassen hatte. Er kurbelte Landwirtschaft und Eisenerzabbau an, den vor ihm schon die Etrusker in großem Stil betrieben hatten. Und er mochte diesen köstlichen Reiskuchen, den alle erstklassigen Restaurants auf der Insel zur Weihnachtszeit servieren. Traditionell wird die Torte mit Äpfeln zubereitet.

Für eine Springform mit 24 – 26 cm Durchmesser

60 g Rosinen
Fett für die Springform
3 EL Pinienkerne für die Form
1 l Milch
300 g Milchreis
1 Msp Muskatblüte
1 TL Zimt
6 EL Roh-Rohrzucker
2 Äpfel
4 EL Sojamehl
8 EL Wasser
3 EL Mandelmus
5 EL Ahornsirup
5 – 6 EL Sahne
1 TL Weinsteinbackpulver oder Natron

1) Rosinen waschen und einweichen. Springform einfetten und mit Pinienkernen ausstreuen.
2) Einen Edelstahltopf mit schwerem Boden mit kaltem Wasser ausspülen und die Milch zum Kochen bringen. Den Reis dazugeben, die Hitze reduzieren und unter häufigem Rühren etwa 30 Minuten köcheln lassen, bis der Reis die Milch aufgenommen hat und verhältnismäßig trocken ist. Topf von der Kochstelle nehmen und Muskatblüte, Zimt und 4 EL Roh-Rohrzucker unterrühren. Rosinen abtropfen lassen und unterheben. (Wasser zurückbehalten, falls die Masse später noch Flüssigkeit braucht.)

3) Äpfel waschen, schälen und in dünne Schnitze schneiden. Backofen auf 180 °C vorheizen. Sojamehl und Wasser in einer Rührschüssel zu einer homogenen Masse verrühren. Dann Mandelmus, Ahornsirup, Sahne und Backpulver hinzufügen und nach und nach den Milchreis unterheben. Die Reismasse sollte weder zu fest noch zu flüssig sein.
4) Nun die Masse in die vorbereitete Form füllen, mit den Äpfeln dachziegelartig belegen und mit dem restlichen Roh-Rohrzucker bestreuen. Die Reistorte 60 Minuten backen, bis der Kuchen fest ist.
5) Die Form aus dem Ofen nehmen und auf einem Kuchengitter etwas abkühlen lassen. Dann die Springform öffnen, den Kuchen am Rand lösen und auf eine Platte heben.

Tipp: Übrigens, wenn Sie die Reistorte noch warm essen, schmeckt sie am allerbesten.

Dinkel-Rosinen-Auflauf

Stufato di farro

aus Barga

Kann denn Süßes Sünde sein? Bevor man in unseren Zeiten auf die Idee kam, weißen Zucker industriell herzustellen und ihm fast alle Inhaltsstoffe zu nehmen, verwendete man jahrtausendelang gesunde Süßungsmittel: neben Honig vor allem Vollrohrzucker. Zu seiner Herstellung wird frisch geerntetes Zuckerrohr zwischen Walzen ausgepresst, der Saft gefiltert und durch Kochen eingedickt. Die sirupartige Masse wird nun so lange gerührt, bis sie auskristallisiert. Noch etwas Trocknen und Sieben und wir haben den etwas grobkörnigen braunen Zucker. Im Mittelalter war Vollrohrzucker den Toskanern viel wert.

Für 4 Personen

200 g Dinkelreis (siehe Seite 38)
500 ml Wasser
70 g Rosinen
4 EL Sojamehl
8 EL Milch
250 g Ricotta
200 g Vollrohrzucker
1 TL gemahlene Bourbon-Vanille
70 g gemahlene Walnüsse
Fett für die Auflaufform

Tipp: Dinkel-Rosinen-Auflauf schmeckt immer lecker, egal ob warm oder kalt. Servieren Sie dazu noch Vanillesauce, Apfelkompott oder Schlagsahne – und Ihr Festschmaus ist perfekt.

1) Dinkelreis mit dem Wasser 15 Minuten weich kochen und im Topf zugedeckt quellen und abkühlen lassen. Rosinen in heißem Wasser einweichen.
2) Sojamehl mit der Milch in einer Rührschüssel verrühren. Zusammen mit Ricotta, Vollrohrzucker und Vanille zu einer cremigen Masse rühren. Anschließend den Dinkel mit dem Kochwasser zu einer Paste pürieren und mit den Walnüssen und abgetropften Rosinen unter die Quarkmasse heben.
3) Backofen auf 200 °C vorheizen. Die Auflaufform einfetten und die Dinkelmasse einfüllen. Den Auflauf 50 – 55 Minuten backen.

Mandelkuchen mit Fenchelsamen

Torta al finocchio

aus Grosseto

Gewusst wie. Die Küche der Maremma versteht es, Düfte und Aromen klug zusammenzustellen. Dies wird vor allem in der Gegend von Grosseto deutlich, wo man noch immer den Glanz der Vergangenheit spürt und überall auf etruskische, römische und mittelalterliche Spuren stößt. In dieser Gegend ist selbst die einfachste Trattoria für eine angenehme Überraschung gut – wie dieser Mandelkuchen. Die kleinen Fenchelsamen sind nicht nur für sein Aroma verantwortlich, sondern sorgen auch für gute Gesundheit.

Für eine Springform mit 24 – 26 cm Durchmesser

Fett für die Springform
150 g Dinkel- oder Weizenvollkornmehl
150 g gemahlene Mandeln
200 g Vollrohrzucker
2 – 3 EL Butter
1½ EL geröstete Fenchelsamen, im Mörser grob zerstoßen
1 TL Weinsteinbackpulver
250 ml Milch
etwas Puderzucker

1) Backform einfetten und Backofen auf 190 °C vorheizen. Alle Zutaten bis auf die Milch in einer Schüssel mischen. Dann die Milch unterrühren, sodass ein geschmeidiger Teig entsteht.

2) Die Teigmasse in die Form füllen und 45 – 55 Minuten goldbraun backen. Stäbchenprobe machen (siehe Tipp). Den Kuchen einige Minuten in der Form abdampfen lassen. Dann mit einem Messer vom Rand lösen, aus der Form nehmen und auf einem Kuchengitter auskühlen lassen. Vor dem Servieren mit etwas Puderzucker bestreuen.

Tipp: Die Stäbchenprobe am Ende der angegebenen Backzeit verrät Ihnen, ob der Kuchen durchgebacken ist. Stechen Sie dazu mit einem Holzstäbchen in die dickste Stelle. Finden Sie keine Teigreste mehr am Stäbchen, dann ist der Kuchen fertig, ansonsten braucht er noch ein paar Minuten. Meist genügt etwas Nachhitze im abgeschalteten Backofen.

Traubenkuchen

Pennello con l'uva

aus San Gimignano

Manhattan des Mittelalters. Es war eine Frage des Prestiges, die im Mittelalter die Adelsfamilien dazu trieb, in ganz Nord- und Mittelitalien hohe und noch höhere Wohntürme zu bauen. Am besten sind sie noch in San Gimignano erhalten. Betritt man durch die südliche Porta San Giovanni die engen Gassen der mauerumringten Stadt, werden vergangene Zeiten wieder lebendig: Noch immer ragen 15 der ehemals 72 Wolkenkratzer auf dem schon von Etruskern besiedelten Hügel empor. Selbst wenn keine Händler mehr die einstige Frankenstraße heraufgezogen kommen, liegt das Städtchen immer noch idyllisch inmitten von Olivenhainen und Weinbergen. Heute wie damals gibt es immer zur Weinlese – ganz frisch – diesen Traubenkuchen.

Für eine Springform oder Pizzaform mit 28 – 30 cm Durchmesser

200 ml lauwarmes Wasser
2½ TL Trockenhefe
oder 25 g frische Hefe
375 g Weizenmehl Type 1050
1 Prise Meersalz
75 – 100 g Roh-Rohrzucker
4 EL Olivenöl
100 g gehackte Walnüsse
350 g kleine blaue Weintrauben
oder kernlose weiße Weintrauben
Fett für die Backform

1) Das lauwarme Wasser mit frischer Hefe und etwas Mehl verrühren und zugedeckt 10 Minuten an einem warmen Ort stehen lassen. (Wenn Sie Trockenhefe verwenden, können Sie auf den Vorteig verzichten und sofort alle Zutaten miteinander verkneten.)
2) Anschließend den Vorteig zusammen mit dem restlichen Mehl, Salz und Zucker zu einem geschmeidigen, elastischen Hefeteig kneten und zugedeckt mindestens 60 Minuten ruhen lassen.
3) In der Zwischenzeit Olivenöl in einer kleinen Pfanne erhitzen, die Walnüsse darin goldbraun rösten und zum Abkühlen auf die Seite stellen. Trauben waschen, gegebenenfalls leicht einschneiden und entkernen.

4) Den Hefeteig auf einer leicht bemehlten Arbeitsfläche noch einmal kräftig durchkneten und Walnüsse mit Olivenöl einarbeiten. Die Backform einfetten, den Teig in die Form geben und flachdrücken. Die Weintrauben darüber verteilen und leicht in den Hefeteig eindrücken. Mit einem Tuch abgedeckt 20 weitere Minuten gehen lassen.

5) Den Kuchen im vorgeheizten Ofen bei 200 °C 35 – 40 Minuten backen. Anschließend aus der Form lösen und auf einem Kuchengitter vollständig auskühlen lassen. Auf Wunsch können Sie den Traubenkuchen auch gleich warm servieren.

Tipp: Noch köstlicher schmeckt dieser Kuchen zusammen mit einer heißen Vanillesauce oder einer Carob-Maronen-Sauce (siehe Seite 181), zum Beispiel zum Tee oder als leichtes Abendessen.

Allerheiligenbrot

Pane co'santi

aus Siena

Entschlossene Heilige. So lange redete die heilige Katherina von Siena Papst Gregor XI. ins Gewissen, bis er sich 1376 entschloss, nach 70 Jahren Exil im südfranzösischen Avignon wieder nach Rom zurückzukehren. Die junge, hochintelligente Caterina Benincasa, 24. Kind eines einheimischen Färbers, hatte sich mit ihrem einfachen Leben, ihrer hingebungsvollen Krankenpflege und seherischen Fähigkeiten schnell die Herzen der Sieneser erobert. Vielleicht geht auch dieses Allerheiligenbrot auf sie zurück, das man traditionell immer am 1. November backt. Wichtiger Bestandteil sind die Sultaninen.

Für ein Brot

750 g Dinkel- oder Weizenvollkornmehl
450 ml lauwarmes Wasser
30 g frische Hefe oder 1 Päckchen Trockenhefe
4 EL Vollrohrzucker (150 g für süßes Brot)
5 EL Olivenöl
200 g grob gehackte Walnüsse
100 g Sultaninen
3 TL grob gemahlener schwarzer Pfeffer
1 TL geröstete ganze Anissamen
1 TL Salz (1 Prise für süßes Brot)
abgeriebene Schale einer unbehandelten Zitrone
Fett für das Backblech

1) Das Mehl in eine Schüssel sieben und in der Mitte eine Vertiefung eindrücken. Die im lauwarmen Wasser aufgelöste Hefe in diese Vertiefung gießen, mit etwas Mehl verrühren und mit 1 EL Vollrohrzucker bestreuen. Den Vorteig zugedeckt 10 Minuten ruhen lassen.
2) In der Zwischenzeit 2 EL Olivenöl in einer Pfanne erhitzen, darin die Walnüsse goldbraun rösten und zum Abkühlen auf die Seite stellen. Sultaninen waschen und in etwas heißem Wasser einweichen.
3) Nun Vollrohrzucker, Pfeffer, gerösteten Anis, Salz und die abgeriebene Zitronenschale am äußeren Rand des Mehls verteilen und allmählich alles zu einem elastischen Teig kneten.

4) Zum Schluss auch das restliche Olivenöl, die abgekühlten Walnüsse und die abgetropften Rosinen unterkneten und den Teig zugedeckt an einem warmen Ort mindestens 1 Stunde gehen lassen, bis sich sein Volumen verdoppelt hat.
5) Den Teig noch einmal kräftig durchkneten, das Brot zu einem runden Laib formen und auf einem gefetteten Blech mit einem Tuch bedeckt 20 weitere Minuten gehen lassen.
6) Im vorgeheizten Backofen bei 200 °C 50 Minuten backen. Vor dem Herausnehmen das Brot auf der Rückseite mit dem Fingerknöchel beklopfen: Wenn es hohl klingt, ist es fertig. Anschließend auf einem Kuchengitter auskühlen lassen.

Tipp: Ob gesüßt oder neutral gebacken – Allerheiligenbrot schmeckt immer sehr lecker.

Ricottakuchen

Crostata con ricotta

aus Grosseto

Der Aufschwung Grossetos zur heutigen lebhaften Handelsstadt war eng mit der Trockenlegung der umliegenden Maremma verbunden. Das Gebiet, in dem zur Etruskerzeit blühende Städte wie Roselle und Vetulonia gelegen hatten, versumpfte schon in römischer Zeit zunehmend. Fast 2000 Jahre sollten vergehen, bis die fruchtbare Maremma wieder ganz trockengelegt werden konnte. Heute grasen in der Gegend von Grosseto die Schafe in unmittelbarer Nähe des Meeres, was man nicht nur dem aromatischen Geschmack des Pecorino anmerkt. Auch Ricotta, der Quark aus Schafsmilch und Schafsmolke, die bei der Herstellung von Pecorino anfällt, sind Spezialitäten von Grosseto.

Für eine Springform mit 24 cm Durchmesser

Für den Mürbeteig:
200 g fein gemahlener und ausgesiebter Weizen
1 Msp Natron
50 g Roh-Rohrzucker
100 g kalte Butter
1 EL Wasser oder Joghurt

Fett für die Springform

Für den Belag:
200 g Sahne
¼ TL gemahlener Safran
375 g Ricotta
100 g Roh-Rohrzucker
abgeriebene Schale einer halben unbehandelten Orange
2 gehäufte EL Maisstärke
3 EL Orangeat

1) In einer Schüssel Mehl mit Natron und dem Roh-Rohrzucker mischen. Butter in kleine Stücke hacken, dazugeben und sehr rasch mit dem Wasser oder Joghurt zu einer Teigkugel kneten. Zugedeckt mindestens 30 Minuten im Kühlschrank kalt stellen.
2) Sahne mit dem Safranpulver verrühren und steif schlagen. Ricotta in eine Schüssel geben und mit einem Schneebesen oder Handrührgerät cremig schlagen. Anschließend den Zucker mit dem Ricotta verrühren und die Schlagsahne sowie die Orangenschale unterheben. Zum Schluss Kartoffelstärke über die Masse sieben und so verrühren, dass keine Klümpchen entstehen.

3) Backofen auf 190 °C vorheizen. Springform einfetten. Teigkugel zwischen zwei Lagen Frischhaltefolie zu einer dünnen, runden Platte ausrollen. Eingefettete Springform mit der Teigplatte auskleiden und dabei einen 3 cm hohen Rand bilden. Teigboden mit einer Gabel mehrmals einstechen und bei 190 °C 12 Minuten vorbacken.

4) Zuerst Orangeat und anschließend Ricottamasse auf dem leicht abgekühlten Teigboden verteilen und glatt streichen. Ricottakuchen bei 190 °C 45 – 50 Minuten fertig backen. Die Oberfläche sollte goldgelb sein. Kuchen im leicht geöffneten Backofen auskühlen lassen. Den Kuchen erst aus der Form lösen, wenn er vollständig erkaltet und die Ricottafüllung erstarrt ist.

Kastaniencremekuchen

Torta di castagne

aus der Garfagnana

Wintervergnügen. In der Garfagnana sind sie eine Spezialität der kalten Jahreszeit: Maronen oder Esskastanien. Hildegard von Bingen war voll des Lobes, und tatsächlich enthalten Maronen einen wahren Schatz an Wirkstoffen. Das wirkt sich nicht nur günstig auf Knochen und Zähne aus, sondern hilft auch einem übersäuerten Magen, wieder ins Lot zu kommen. Für alle körperlich und geistig Erschöpften sind Maronen reiner Balsam – vor allem, wenn sie zu so feinem Püree verarbeitet werden wie für diesen Kuchen. Der cremig zarte Geschmack Ihres Kuchens belohnt für die etwas zeitintensive Herstellung mehr als genug. Und das Püree können Sie auch schon am Vorabend zubereiten. Für Eilige: Vorgekochte und vakuumverpackte Maronen bekommen Sie im Bioladen.

Für eine Springform mit 26 – 28 cm Durchmesser

Für den Mürbeteig:
200 g fein gemahlener Dinkel
1 Msp Natron
75 g gesiebter Vollrohrzucker
½ TL Zimt
100 g kalte Butter oder Pflanzenmargarine
1 EL Wasser
Fett für die Springform
500 g Hülsenfrüchte zum Blindbacken

Für den Belag:
750 g Esskastanien (Maronen) oder 600 g vorgekochte, vakuumverpackte Maronen
etwa 200 ml Milch oder Wasser
2 EL Sojamehl
4 EL Wasser
150 g weiche Butter oder Pflanzenmargarine
150 g Vollrohrzucker
2 TL gemahlene Bourbon-Vanille
1 TL Zimt
2 EL Carobpulver

Tipp: Mit leicht gesüßter Schlagsahne serviert, wird Kastaniencremekuchen noch unwiderstehlicher.

1) Dinkelmehl mit Natron, Zimt und gesiebtem Vollrohrzucker in einer Schüssel mischen. Butter in kleine Stücke hacken, dazugeben und sehr rasch mit dem Wasser zu einer Teigkugel kneten. Zugedeckt mindestens 30 Minuten im Kühlschrank kalt stellen.
2) Falls Sie frische Maronen verwenden (bei vorgekochten Maronen gleich zu Schritt 3): Backofen auf 200 °C vorheizen. Maronen an den spitzen Enden kreuzweise einschneiden und im Ofen 10 Minuten rösten, bis die Schalen aufspringen. Die leicht abgekühlten Maronen von ihren Schalen und der darunter liegenden braunen Haut befreien. Anschließend in einem Topf mit wenig Wasser 15 – 20 Minuten weich kochen.
3) Nun die vorbereiteten oder bereits vorgekochten Maronen in einem Mixer mit der Milch oder dem Wasser zu einer feinen, weichen Paste pürieren.
4) Mürbeteig zwischen zwei Frischhaltefolien zu einer runden Platte ausrollen und die gefettete Springform damit auskleiden. Dabei einen 3 cm hohen Rand formen. Den Teigboden mit einer Gabel mehrmals einstechen und bei 190 °C 12 Minuten blindbacken. (Den Teigboden dafür mit Backpapier auslegen und die Hülsenfrüchte bis zum Rand hineingeben; so kann der Rand beim Backen nicht abrutschen.) Nach dem Backen Hülsenfrüchte herausschütten (sie lassen sich anderweitig in der Küche verwenden).
5) Für den Belag: Sojamehl mit Wasser in einer Tasse verrühren. Die weiche Butter mit gesiebtem Vollrohrzucker, Gewürzen und Carob in einer Rührschüssel schaumig rühren. Maronenpüree und Sojamehl esslöffelweise unter die Butter-Zucker-Mischung zu einer cremigen Masse verrühren.
6) Maronenmasse auf die vorgebackene Teigkruste füllen, glatt streichen und bei 180 °C 50 – 55 Minuten fertig backen.

Panforte

Frucht-Nuss-Schnitten

aus Siena

Powerbrot. Panforte, wörtlich »kräftiges Brot«, ist die berühmteste süße Spezialität aus Siena. Schon 1205 in einer Handschrift lobend erwähnt, gibt es das ehemalige Weihnachtsgebäck heute das ganze Jahr über. Zum Glück, werden sich die Schleckermäuler denken. *Panforte* sind genau das richtige in der kalten Jahreszeit, in der man die große Frucht-Nuss-Schnitte traditionell in kleine Stücke geschnitten als Dessert serviert.

Für eine Springform mit 24 – 26 cm Durchmesser

200 g Mandeln
100 g Walnüsse
250 g Roh-Rohrzucker
1 EL Wasser
1 EL Ahornsirup oder Birnendicksaft
200 g Zitronat
50 g Orangeat
50 g grob gehackter kandierter Ingwer
1 TL Zimt
½ TL gemahlener Koriander
½ TL gemahlene Muskatblüte
¼ TL frisch geriebener Muskat
¼ TL gemahlene Gewürznelke
80 g Weizenvollkornmehl
1 Bogen (Obstboden-)Oblate (mindestens in der Größe der Springform)
Fett für die Springform

1) 100 g Mandeln 2 Minuten in kochend heißem Wasser blanchieren, abschrecken und enthäuten. Mandeln auf einem Tuch zum Trocknen ausbreiten. Dann Walnüsse und Mandeln grob hacken.
2) Roh-Rohrzucker in einem Topf mit schwerem Boden bei schwacher Hitze schmelzen. Dabei gelegentlich mit einem Holzlöffel umrühren. Wenn sich der Zucker aufgelöst hat, 1 EL Wasser und den Ahornsirup hinzufügen. Nun Zitronat, Orangeat und kandierten Ingwer mit der Zuckermasse vermengen und den Topf von der Kochstelle nehmen. Anschließend die gehackten Nüsse und Gewürze unter die Masse rühren und zum Schluss das Mehl einarbeiten.

3) Backofen auf 200 °C vorheizen. (Obstboden-)Oblate auf das Backblech legen. Den Ring einer Springform einfetten und auf die Oblate legen. Die Masse hineingeben, glatt streichen, festdrücken und *Panforte* 45 Minuten goldbraun backen.

4) *Panforte* aus dem Backofen nehmen und mit dem Springformring auf einem Gitter auskühlen lassen. Dann den Ring entfernen und die überstehenden Teile der Oblate mit einem scharfen Messer abschneiden.

Tipp: Wenn Sie keine große Obstbodenoblate bekommen können, nehmen Sie einfach Backpapier. Legen Sie damit die Springform (in diesem Fall mit Boden) aus – so lässt sich Panforte hinterher leicht herauslösen. Übrigens, in einer großen Dose aufbewahrt, hält sich Panforte lange frisch.

Safran-Pinienkern-Kuchen

Torta coi pinoli

aus San Gimignano

»Die Toskana, zwischen Apennin und Tyrrhenischem Meer, ist ein Herz und Sinne gefangennehmender Zusammenklang von Natur, Geschichte und Kultur«, schrieb der Musiker und Küchenliebhaber Cédric Dumont. Doch was wäre die unendlich gewellte Hügellandschaft der Toskana ohne ihre Zypressen und Pinien. Die getrockneten Pinienzapfen bergen die kleinen, elfenbeinfarbenen Pinienkerne. Ihre wertvollen Inhaltsstoffe stärken Nerven, regen die Blutbildung an und aktivieren den Stoffwechsel. Und Safran stärkt Herz, Kreislauf, Magen und Milz. Er lindert Schmerzen, entspannt und bringt selbst eine überanstrengte Psyche wieder in Schwung. Kein Wunder, dass man ihn im mittelalterlichen San Gimignano gleich selbst anbaute, anstatt ihn langwierig aus Indien einzuführen.

Für eine Springform mit 24 – 26 cm Durchmesser

Fett für die Springform
125 g Sahne
¼ TL gemahlener Safran
300 g Weizenmehl Type 1050
50 g Maisstärke
150 g Roh-Rohrzucker
100 g weiche Butter
½ TL gemahlene Bourbon-Vanille
175 ml Mineralwasser
1 TL Weinsteinbackpulver
75 g Pinienkerne
eventuell etwas Puderzucker

1) Springform einfetten. Sahne mit dem Safranpulver verrühren und steif schlagen. Backofen auf 180 °C vorheizen.
2) Mehl, Stärke und Roh-Rohrzucker mischen. Weiche Butter in einer Rührschüssel schaumig schlagen. Nach und nach Vanille, Mehlmischung, Mineralwasser und Schlagsahne beigeben und zu einem lockeren Teig rühren. Wenn noch etwa ein Drittel der Mehlmischung übrig ist, das Backpulver damit vermengen und zusammen mit der Hälfte der Pinienkerne unter den Teig rühren. In die Form füllen und mit den restlichen Pinienkernen bestreuen.
3) Kuchen 45 Minuten backen. Vor dem Herausnehmen mit einem Holzstäbchen prüfen, ob der Kuchen gar ist (siehe Tipp Seite 169). Kuchen für einige Minuten in der Form lassen, dann herauslösen und auf einem Kuchengitter auskühlen lassen. Falls gewünscht, mit etwas Puderzucker bestreuen.

Carob-Maronen-Sauce

Crema di maroni con carube

aus Lucca

Allroundkünstler. Mit den Samen des Johannisbrotbaums wog man in der Antike Edelsteine und -metalle. Daran erinnert noch immer die Bezeichnung »Karat« – vom griechischen *Keration,* Johannisbrotkern. In der Küche schätzte man seine gemahlenen Schotenfrüchte, auch Carob genannt. Das braune Pulver ähnelt im Geschmack dem Kakao und ist eine ideale Ergänzung zu den Esskastanien aus der Gegend von Lucca. Probieren Sie selbst, wie lecker diese süße Sauce ist!

Für 4 Personen

600 g Maronen (Esskastanien) oder 435 g Maronenpüree (siehe Tipp)
800 ml Milch
50 g Carobpulver
100 g Vollrohrzucker
1½ TL gemahlene Bourbon-Vanille

1) Backofen auf 200 °C vorheizen. Maronen an spitzen Enden kreuzweise einschneiden und 10 Minuten im Ofen rösten, bis die Schalen aufspringen. Die leicht abgekühlten Maronen von ihren Schalen und der darunter liegenden braunen Haut befreien. Geschälte Maronen in einem Topf mit wenig Wasser 15 – 20 Minuten weich kochen und leicht abgekühlt in einem Mixer mit etwa 250 ml Milch zu einer feinen, weichen Paste pürieren (siehe auch Tipp).

2) Maronenpaste mit Carob, Vollrohrzucker, Vanille und der restlichen Milch in einem Topf verrühren und einmal kurz aufkochen lassen. Falls die Konsistenz der Sauce zu dickflüssig ist, noch etwas Milch oder Wasser hinzufügen. Die Sauce heiß servieren.

Tipp: Diese Süßspeise lässt sich vielseitig verwandeln. Als Sauce passt sie ideal zu Pfannkuchen oder Traubenkuchen (siehe Seite 170) und in puddingähnlicher Konsistenz mit Schlagsahne dekoriert, schmeckt sie verführerisch köstlich. Auch gekühlt zu Vanilleeis ist sie einfach unwiderstehlich. Die Qual der Wahl liegt bei Ihnen.
Und wenn es einmal schnell gehen soll, verwenden Sie einfach fertiges Maronenpüree aus dem gut sortierten Naturkostladen oder Supermarkt.

Panna cotta

Sahnemousse

aus Florenz

Süßes Geheimnis. Panna cotta, eine alte toskanische Süßspeise, wird mittlerweile nicht nur in ganz Italien, sondern auch über seine Grenzen hinaus heiß geliebt. Als Süßungsmittel dient in unserem Rezept aus Florenz neben Roh-Rohrohrzucker auch Ahornsirup, der eingedickte Saft des nordamerikanischen Zuckerahornbaums mit dem karamellartigen Aroma. Damit *Panna cotta* schön fest wird, kommt dazu noch etwas von dem rein pflanzlichen Agar-Agar.

Für 4 – 5 Personen

500 g Sahne
1 gestrichener TL Agar-Agar-Pulver
1 TL gemahlene Bourbon-Vanille
125 g Roh-Rohrzucker
8 – 10 EL Ahornsirup

1) 100 g Sahne mit Agar-Agar-Pulver und Vanille in einem kleinen Topf verrühren. 250 g Sahne steif schlagen. Nun die Agar-Agar-Sahne mit dem Roh-Rohrzucker auf kleiner Flamme unter ständigem Rühren erhitzen und nach 2 Minuten sofort von der Kochstelle nehmen. Anschließend die restliche flüssige Sahne und die Schlagsahne unterziehen.
2) 4 bis 5 kleine Dessertschälchen mit kaltem Wasser ausspülen und *Panna cotta* einfüllen. 4 – 5 Stunden ins Gefrierfach stellen.
3) Vor dem Servieren etwas heißes Wasser über die Unterseiten der Schälchen laufen lassen, *Panna cotta* mit einem Messer vom Rand lösen und auf einen kleinen Teller stürzen. Noch etwas Ahornsirup darüberträufeln – guten Appetit!

Tipp: Die toskanische Küche liebt Abwechslung. Machen Sie es wie die Livornesen, nehmen Sie anstelle der Vanille einfach 1 TL Zimt oder ein Briefchen gemahlenen Safran.

Walnuss-Mandel-Mousse

Gelato di noci e mandorle

aus Viareggio

»Der Zauber Italiens kommt jenem des Verliebtseins gleich.« Als der französische Schriftsteller Stendhal Anfang des 19. Jahrhunderts Italien besuchte, war er von der Anziehungskraft dieses vielfältigen Landes tief beeindruckt. Und einer Reise nach Italien wäre ein Höhepunkt entgangen, wenn man nicht am Strand echt italienisches Eis oder Mousse genießen würde. Hier ein Rezept aus Viareggio, dem größten und elegantesten Seebad der tyrrhenischen Küste. Erst vor gut 100 Jahren wurde die einstige Festung gegen Korsarenüberfälle ein bekannter Badeort – was ihr zahlreiche Jugendstilbauten und eine nostalgische Atmosphäre eingebracht hat. Und alles vor dem Hintergrund der mit Marmorstaub weiß bedeckten Apuanischen Alpen.

Für 4 – 6 Personen

500 ml Milch
1 ½ TL Agar-Agar-Pulver
350 g Roh-Rohrzucker
100 g fein gemahlene Walnüsse
3 EL Mandelmus
½ TL Zimt
200 g Sahne

Tipp: Servieren Sie diese Mousse zu heißen Früchten, zum Beispiel zu heißen Himbeeren, oder einfach pur.

1) 100 ml Milch mit dem Agar-Agar-Pulver in einer Tasse verrühren. Die restliche Milch in einem Topf erhitzen. Kurz vor dem Aufkochen die Agar-Agar-Milch hinzufügen und 2 Minuten köcheln lassen. Die Milch von der Kochstelle nehmen.
2) Nun den Zucker in der Milch auflösen sowie Walnüsse, Mandelmus und Zimt hineinrühren. Zum Schluss die Sahne beigeben und alles miteinander verrühren.
3) Die Masse in kleine Schälchen oder in einen großen, flachen Behälter füllen und 4 – 6 Stunden ins Gefrierfach stellen.

Wassermelone in Apfelgelee

Anguria in gelatina di mele

aus Pisa

Platz der Wunder. Weltberühmt ist in Pisa der Campo dei Miracoli, mit Baptisterium, Dom und seinem schiefen Glockenturm. Als der Turm sich wegen des Schwemmlandbodens im 12. Jahrhundert neigte, unterbrach man den Bau im dritten Geschoss. Erst 200 Jahre später wurde der Turm vollendet, indem man seine Neigung in die Gegenrichtung auszugleichen versuchte. In Pisa wie überall in der Toskana liebt man Wassermelonen, gerade an heißen Sommertagen und -abenden. Neben 95 % Wasser enthalten sie jede Menge belebende Mineralstoffe, Enzyme und Vitamine – eine erfrischend süße Sommernachspeise.

Für 4 Personen

2 kg Wassermelone
(Nettogewicht 500 g)
2 gehäufte TL Agar-Agar-Pulver
500 ml Apfelsaft
½ TL gemahlene Bourbon-Vanille
3 EL Roh-Rohrzucker

Tipp: Für sich alleine schmeckt diese Süßspeise schon fruchtig verführerisch, doch wer ihre Wirkung noch steigern möchte, kann dazu etwas Vanilleeis oder Walnuss-Mandel-Mousse (siehe Seite 183) servieren.

1) Wassermelone von der Schale und den Kernen befreien und in kleine Stücke schneiden. Melonenstückchen in eine große, flache Glasschüssel geben.
2) Das Agar-Agar-Pulver in einer Tasse mit 100 ml Apfelsaft und der Vanille verrühren. Restlichen Apfelsaft mit dem Zucker in einem Topf zum Kochen bringen, den Agar-Agar-Apfelsaft hineingeben und 2 Minuten bei schwacher Hitze köcheln lassen.
3) Den Saft über die Melonenstückchen gießen und im Kühlschrank 3 Stunden kalt stellen, damit die Flüssigkeit zu Gelee erstarren kann.

Kandierte Feigen

Fichi canditi

aus Grosseto

Helle Köpfchen. Eine sechseckige Ringmauer, die im 16. Jahrhundert von den Medici errichtet wurde und auf der es sich gut spazieren lässt, umschließt den alten Stadtkern von Grosseto. Dort ist das Zentrum der fruchtbaren Maremma-Ebene, die schon die Etrusker zu kultivieren wussten. Feigen fanden bei Etruskern wie Römern großen Anklang. Kandierte Feigen gab es traditionellerweise immer im Spätsommer und Herbst nach dem Brotbacken – dies war eine einfache und leckere Methode, um die Nachhitze der Backöfen zu nutzen.

Für 4 Personen

1 EL Mandelöl
6 EL Roh-Rohrzucker
10 – 12 frische Feigen
6 EL Ahornsirup
½ unbehandelte Zitrone

Tipp: Kandierte Feigen sind sowohl warm als auch kalt ein leckeres Dessert.

1) Backofen auf 190 °C vorheizen. Auflaufform mit Mandelöl einölen und mit 3 EL Roh-Rohrzucker dünn ausstreuen. Feigen waschen, halbieren und in die Form legen. Zitrone mit heißem Wasser waschen, trockenreiben und Schale mit einer Raspel über die Feigen reiben. Zitrone anschließend auspressen und den Saft und Ahornsirup über die Feigen gießen.
2) Feigen im Backofen etwa 30 Minuten backen, bis der Zucker karamellisiert und goldgelb geworden ist.

Zimtmaronen in Traubensaft oder Rotwein

Maroni in succo di uva o in vino aus Borgo a Mozzano

»Welche Schöpfung! Sehen Sie mal die Bäume, die Berge, den Himmel, da unten das Wasser – ist nicht alles wie gemalt?« Mit diesen Worten pries Heinrich Heine die Garfagnana. Fährt man das Serchio-Tal nördlich von Lucca hinauf, so trifft man nach 20 Kilometern in der Nähe des Städtchens Borgo a Mozzano auf die Ponte della Maddalena, eine malerische Brücke aus dem 15. Jahrhundert. Bekannter ist sie unter dem Namen Teufelsbrücke, wegen ihrer gewagten Konstruktion über den Serchio-Fluss – der größte Bogen der Brücke überspannt 37 Meter. Dort beginnt die Garfagnana mit ihren großen Edelkastanienwäldern. Aus den Maronen werden zahlreiche Leckerbissen zubereitet.

Für 4 Personen

600 g Maronen (Esskastanien)
500 ml Traubensaft oder Rotwein
4 EL Vollrohrzucker
1 Zimtstange
1 Msp Ingwerpulver
1 Msp gemahlener Sternanis
1 EL abgeriebene Orangenschale

1) Maronen kreuzweise mit einem scharfen Messer einschneiden. Auf einem Backblech bei 200 °C 10 Minuten rösten, bis die Schalen aufgesprungen sind. Die leicht abgekühlten Maronen von ihren Schalen und den darunterliegenden braunen Häuten befreien.
2) Maronen in einem Topf mit Traubensaft oder Rotwein, Vollrohrzucker und Gewürzen 15 – 20 Minuten gar kochen, bis die Flüssigkeit etwas eingedickt ist.

Tipp: Am leckersten schmecken Zimtmaronen noch warm mit etwas Schlagsahne oder Sojasahne. Dann sind sie so verführerisch köstlich, dass nichts mehr übrig bleiben wird.

Kastanienpfannkuchen

Frittelle di neccio

aus Lucchesia

»So und nicht anders.« Hier ein Rezept von meinem zweiten Vater Rafu. Er ist nicht nur ein bekannter Maler und Bildhauer, sondern auch ein Meister der toskanischen Küche. Nachdem all unsere Versuche, aus dem Teig dünne Kastaniencrêpes zu zaubern, gescheitert waren, kam er uns als Küchenengel zu Hilfe. Persönlich zeigte er uns, wie schon seine Mutter diese kleinen, knusprig runden Pfannkuchen herausgebacken hat: nicht größer als 10 Zentimeter im Durchmesser und schwimmend in viel heißem Öl. Noch heiß serviert, schmeckten sie so gut, dass wir gar nicht mehr aufhören wollten.

Für 4 Personen

200 g Kastanienmehl
350 ml Mineralwasser
1 EL Olivenöl
1 Prise Meersalz
2 EL Roh-Rohrzucker
500 ml Olivenöl

1) Kastanienmehl in eine Schüssel sieben und unter Rühren Mineralwasser, Olivenöl, Salz und Zucker beigeben. Alles zu einem nicht zu dicken, aber auch nicht zu dünnflüssigen Teig verrühren. Teig 30 Minuten ruhen lassen.
2) In einer großen Pfanne so viel Öl erhitzen, dass die kleinen Pfannkuchen im Öl schwimmen können. (Nur dann werden sie rösch, knusprig und blähen sich durch die Hitze sogar etwas auf. Nimmt man zu wenig Öl, schmecken die Pfannkuchen später leicht bitter und fallen beim Umdrehen auseinander.) In das heiße, aber nicht rauchende Öl jeweils 2 EL Teig zu einem runden Küchlein gießen, sodass 4 – 5 Stücke in der Pfanne nebeneinander Platz finden.
3) Pfannkuchen nacheinander herausbacken (immer wieder genügend Öl nachgießen) und auf einem mit Küchenkrepp ausgelegten Teller stapeln. Für jede Lage neues Krepp nehmen, damit alles überschüssige Öl aufgesaugt wird.

Tipp: Traditionell gehört zu Kastanienpfannkuchen immer Ricotta – wenn man möchte –, und zwar wie ein Sandwich zwischen zwei Pfannkuchen eingeklemmt. Uns schmecken sie aber auch mit frischem Kompott oder Marmelade.

Flacher Kastanienkuchen

Castagnaccio

aus Montignoso

»Il libro della cucina« – Das Küchenbuch. Es ist kaum überraschend, dass das erste uns bekannte italienische Kochbuch aus der Toskana stammt, geschrieben gegen Ende des 14. Jahrhunderts von einem unbekannten toskanischen Autor und sich beziehend auf noch ältere Quellen. Mit von der Partie waren natürlich Kastanienrezepte. Esskastanienhaine stehen in der Toskana oft in der Nähe der Höfe und Landgüter. Im Herbst, wenn die Maronen geerntet und getrocknet werden, röstet man die großen Exemplare meist direkt über dem offenen Feuer am Kamin. Die kleineren Maronen werden zu Kastanienmehl gemahlen und für diesen flachen Kastanienkuchen benutzt, der mit dem frischen Rosmarin auch noch den Duft des Sommers eingefangen hat. Hier ein Rezept aus Montignoso, direkt von der Versilia-Küste.

Für eine Tarte- oder Pizzaform mit 26 cm Durchmesser

300 g Kastanienmehl
375 – 400 ml Wasser
3 EL Olivenöl
1 Prise Meersalz
1½ TL abgeriebene Schale einer unbehandelten Zitrone
¼ TL Zimt
6 EL Pinienkerne
4 EL gehackte Walnüsse
4 EL Olivenöl für die Form
2 EL frischer Rosmarin

1) Kastanienmehl in eine Schüssel sieben, langsam das Wasser hinzufügen und zu einem glatten, klümpchenfreien Teig verrühren. Olivenöl, Salz, Zitronenschale, Zimt, 3 EL Pinienkerne und 2 EL Walnusskerne unter den Teig rühren und 30 Minuten ruhen lassen.
2) Backofen auf 200 °C vorheizen. Backform mit Olivenöl einfetten (in einer Springform würde das Öl beim Backen herauslaufen) und den Teig so hineinfüllen, dass das überschüssige Öl an den Rand der Form gedrängt wird. Die Teigmasse mit frischen Rosmarinblättern und den restlichen Pinien- und Walnusskernen bestreuen.

3) Den Kuchen 40 Minuten backen. Er ist fertig, wenn seine Oberfläche leichte Risse bekommt. Den Kastanienkuchen aus der Form lösen und auf einem Kuchengitter auskühlen lassen.

Tipp: Wer den Kuchen etwas lockerer haben möchte, kann dem Teig ¾ TL Natron beigeben. Traditionell wird dieser Kuchen nicht gesüßt, da die Kastanien an sich schon leicht herbsüßlich schmecken. Wer es aber gerne süßer mag, fügt dem Teig etwas Roh-Rohrzucker oder Ahornsirup bei. Noch eine große Tasse Getreidekaffee mit Milch dazu – und die Kaffeepause wird zum Essgenuss.

Die Autorin

Petra Skibbe, Jahrgang 1965.

Petra Skibbe lebt und arbeitet als selbstständige Physiotherapeutin in Nürnberg. In ihrer Arbeit versucht sie, ganzheitliche Heilmethoden (zum Beispiel Shiatsu, Ayurveda-Massagen und Ayurveda-Ernährungsberatung) einfließen zu lassen.

Die Toskana ist ein Teil Italiens, der es ihr besonders angetan hat, und sie reist immer wieder gerne dorthin zurück. Die Rezepte und Recherchen dieses Buches sind vor allem im Haus und Olivengarten von Helga und Rafu (Fulvio) Ravenna in Montignoso entstanden. Ein wunderbarer Küstenstreifen zwischen Massa Carrara und Forte dei Marmi mit den Marmorsteinbrüchen und der Garfagnana im Hinterland und dem tyrrhenischen Meer im Vordergrund.

Mit Freude denkt sie an die schönen Gespräche mit dem (Lebens-)-Künstlerehepaar über die toskanische Kunst, Kultur und die kulinarischen Köstlichkeiten, die unter anderem in diesem Buch festgehalten sind.

Im pala-verlag sind außer diesem Buch folgende Titel von Petra Skibbe und Joachim Skibbe erschienen:

Backen nach Ayurveda – Kuchen, Torten & Gebäck
Backen nach Ayurveda – Brot, Brötchen & Pikantes
Ayurveda – Die Kunst des Kochens
Ayurveda-Handbuch für Frauen – typgerecht essen, rundum wohl fühlen
Ayurveda – Feiern und Genießen
Köstliche Kürbis-Küche

Der Autor

Joachim Skibbe, Jahrgang 1958.

In seiner Naturheilpraxis behandelt Joachim Skibbe nach dem Prinzip, dass Körper, Geist und Seele eine Einheit sind. Und köstlich und gesund essen, ist damit natürlich untrennbar verbunden.

Jeden Sommer unterbricht er seine Beschäftigung mit klassischer Homöopathie, Ayurveda, Bachblütentherapie, Fußreflexzonen-Massage und Shiatsu und lässt sich von familiären Banden in die Toskana ziehen. Für dieses Buch hat er viele Stunden in der Küche und am Esstisch mit den Einheimischen über die toskanische Küche gefachsimpelt und so die besten Rezepte zusammengetragen. Joachim Skibbe lebt mit seiner Familie in der Nähe von Mainz, wo er auch praktiziert.

Neben seiner beruflichen Tätigkeit bietet er auch Vorträge, Seminare und Workshops an. Aktuelle Angebote sind auf seiner Website zu ersehen: www.naturheilpraxis-skibbe.de

Deutscher Rezeptindex

Rezepte mit einem * sind vegan oder beinhalten eine vegane Variante.

Allerheiligenbrot ... 172*
Aniswaffeln ... 157
Apfelgelee mit Wassermelone ... 184*
Apfel-Reis-Torte ... 166
Artischocken mit Salbei im Teigmantel .. 105*
Artischockenreis ... 90*
Artischocken-Spargel-Suppe ... 64*
Aubergine in Olivenöl, gegrillt ... 49*
Auberginen-Kräuter-Sauce ... 153
Auberginen-Mandel-Paste auf Crostini ... 44*
Auberginen-Zucchini-Sauce ... 154*

Basilikum-Mozzarella-Tomaten ... 47
Basilikum-Tomaten-Kapern-Sauce ... 149
Blumenkohlfrikadellen ... 112
Blüten-Zucchini-Risotto ... 92
Bohnen aus dem Backofen ... 124*
Bohnen mit Zucchiniblüten ... 99*
Bohnen nach Prateser Art ... 102*
Bohnen-Dinkel-Eintopf ... 76*
Bohnenpüree ... 115*
Bohnen-Reis-Suppe ... 68
Brokkoli-Pfannkuchenrolle ... 110
Brot mit Olivenöl, geröstet ... 42*
Brotsalat mit Tomaten ... 139*
Brotstangen, salzig ... 57*
Brotstreifen mit Salbei, frittiert ... 55*

Carob-Maronen-Sauce ... 181
Crostini mit Auberginen-Mandel-Paste ... 44*
Crostini mit Oliven-Meerrettich-Paste ... 43*
Crostini mit Rucola ... 46*
Crostini mit Zucchini, Tomaten
und Oliven ... 45*
Curry-Schwarzwurzeln ... 106*

Dinkel-Bohnen-Eintopf ... 76*
Dinkelgratin mit Tomaten ... 130*
Dinkel-Kartoffel-Brot aus Stazzema ... 59*
Dinkel-Kichererbsen-Auflauf ... 126
Dinkelkuchen mit Ricotta, pikant ... 120
Dinkel-Rosinen-Auflauf ... 168
Dinkel-Rucola-Salat ... 144
Dinkelsuppe mit Tomaten ... 65*
Dipgemüse ... 41*

Feigen, kandiert ... 185*
Fenchel-Radicchio-Salat ... 147
Fenchel-Reis-Torte ... 122
Fenchelsamen-Mandel-Kuchen ... 169
Fenchel-Tagliatelle in Pergamentpapier ... 84*
Flacher Kastanienkuchen ... 188*
Florentiner ... 160
Frittierte Brotstreifen mit Salbei ... 55*
Frittierte grüne Tomaten ... 104*

Gebackene Polentascheiben ... 56*
Gebackener Stangensellerie ... 135
Gefüllte Tomaten mit Ricotta ... 132
Gefüllte Zucchiniblüten ... 48
Gegrillte Aubergine in Olivenöl ... 49*
Gegrillter Paprikasalat ... 143*
Gegrillter Radicchio ... 60
Gemüsecremesuppe mit Maronen ... 66
Gemüseeintopf ... 74*
Gemüsepfanne ... 103*
Gemüsepolenta ... 89*
Gemüsesuppe nach Sieneser Art ... 69*
Geröstetes Brot mit Olivenöl ... 42*
Gewürzbrötchen, süß ... 165*
Gewürz-Walnuss-Kekse ... 161*
Gnocchi mit Kürbis in Salbeibutter ... 88*
Grüne Bohnen mit Zucchiniblüten ... 99*
Grüne Bohnen nach Prateser Art ... 102*
Grüne Nester ... 134
Grüne Salatcremesuppe ... 63
Grüne Spargelsuppe mit Artischocken ... 64*
Grüne Tomaten, frittiert ... 104*

Kandierte Feigen ... 185*
Kapern-Tomaten-Sauce mit Basilikum ... 149
Kapern-Zucchiniblüten-Crêpes ... 96
Kartoffel-Dinkel-Brot aus Stazzema ... 59*
Kartoffeln mit Rosmarin im Backofen ... 119*
Kartoffel-Pecorino-Frikadellen ... 109
Kartoffelpüree mit Safran ... 114
Käse-Trauben-Salat ... 142
Kastaniencremekuchen ... 176*

Kastanienkuchen ... 188*
Kastanienpfannkuchen ... 187*
Kichererbsen-Dinkel-Auflauf ... 126
Kichererbsenfladenbrot mit Rosmarin ... 52*
Kichererbsenpfannkuchen ... 97*
Kichererbsenpüree ... 116*
Kichererbsensuppe mit Nudeln ... 70
Knusprige Aniswaffeln ... 157
Kohl-Minestrone ... 72*
Kräuter-Auberginen-Sauce ... 153
Kürbis-Gnocchi in Salbeibutter ... 88*

Landbrot ... 53*

Mandel-Auberginen-Crostini ... 44*
Mandelgebäck aus Florenz ... 164
Mandelkuchen mit Fenchelsamen ... 169
Mandelmakronen ... 162*
Mandel-Walnuss-Mousse ... 183
Mandelzwieback ... 158*
Mangold-Tordelli ... 80
Mangold mit Zitronendressing ... 107*
Mangoldravioli, »nackt« ... 94
Mangoldstiele im Knusperteigmantel ... 136*
Maronen-Carob-Sauce ... 181
Maronen-Gemüse-Cremesuppe ... 66
Meereskräutersauce ... 148*
Meerrettich-Oliven-Paste auf Crostini ... 43*
Minestrone mit Kohl ... 72*
Mozzarella-Salat-Gratin ... 133
Mozzarella-Tomaten mit Basilikum ... 47

Nackte Mangoldravioli ... 94
Nudel-Kichererbsen-Suppe ... 70
Nudeln mit Spinat-Tomaten-Sauce ... 79

Oliven-Zucchini-Tomaten-Crostini ... 45*
Oliven-Meerrettich-Paste auf Crostini ... 43*
Olivenöl-Spaghettibohnen ... 108*

Panforte ... 178*
Pappardelle mit Zucchini ... 82
Paprikagemüse mit Tomaten ... 101*
Paprika-Sahne-Sauce ... 152*
Paprikasalat, gegrillt ... 143*
Pecorino-Kartoffel-Frikadellen ... 109
Pecorino-Safran-Sauce ... 151
Pecorinosauce mit Zucchiniblütenstielen ... 100

Peperoncino-Spaghetti ... 87
Pfannkuchenauflauf ... 128
Pfannkuchenrolle mit Brokkoli ... 110
Pikanter Dinkelkuchen mit Ricotta ... 120
Pinienkern-Safran-Kuchen ... 180
Pizzaschnecken ... 50
Polentascheiben, gebacken ... 56*

Radicchio, gegrillt ... 60
Radicchiosalat mit Fenchel ... 147
Reis-Fenchel-Torte ... 122
Reissalat ... 140*
Reissuppe mit weißen Bohnen ... 68
Reistorte mit Äpfeln ... 166
Ricotta-Dinkel-Kuchen, pikant ... 120
Ricottakuchen ... 174
Ricotta-Tomaten, gefüllt ... 132
Risotto mit grünem Spargel und Wildkräutern ... 91
Rosinen-Dinkel-Auflauf ... 168
Rosmarinkartoffeln im Backofen ... 119*
Rosmarin-Kichererbsen-Fladenbrot ... 52*
Rosmarinschnecken ... 54*
Rotwein-Zimt-Maronen ... 186*
Rucola mit Crostini ... 46*
Rucola-Dinkel-Salat ... 144

Safran-Kartoffel-Püree ... 114
Safran-Pecorino-Sauce ... 151
Safran-Pinienkern-Kuchen ... 180
Sahnemousse ... 182
Sahne-Paprika-Sauce ... 152*
Salat nach Gärtnerinnen Art ... 146*
Salatcremesuppe ... 63
Salatgratin mit Mozzarella ... 133
Salbei mit Brotstreifen, frittiert ... 55*
Salbei-Artischocken im Teigmantel ... 105*
Salbeibutter mit Kürbis-Gnocchi ... 88*
Salzige Brotstangen ... 57*
Schnelle Gemüsepfanne ... 103*
Schnelles Dipgemüse ... 41*
Schwarzwurzeln im Currymantel ... 106*
Sommerlicher Reissalat ... 140*
Spaghetti mit Peperoncino ... 87
Spaghetti nach Bäckerinnenart ... 86
Spaghettibohnen in Olivenöl ... 108*
Spargelsuppe mit Artischocken ... 64*
Spargel-Wildkräuter-Risotto ... 91
Spinat-Tomaten-Sauce mit Nudeln ... 79

Stangensellerie, gebacken 135
Süße Gewürzbrötchen 165*

Tagliatelle mit Fenchel
in Pergamentpapier 84*
Tomaten mit Mozzarella und Basilikum 47
Tomaten mit Ricotta, gefüllt 132
Tomaten-Zucchini-Oliven-Crostini 45*
Tomaten-Brot-Salat 139*
Tomaten-Dinkel-Gratin 130*
Tomaten-Dinkel-Suppe 65*
Tomaten-Kapern-Sauce mit Basilikum 149
Tomatenmus aus Siena 113*
Tomaten-Paprika-Gemüse 101*
Tomaten-Spinat-Sauce mit Nudeln 79
Tordelli mit Mangold 80
Toskanischer Brotsalat mit Tomaten 139*
Toskanischer Gemüseeintopf 74*
Toskanisches Fladenbrot 58
Toskanisches Landbrot 53*
Trauben-Käse-Salat 142
Traubenkuchen 170*
Traubensaft-Zimt-Maronen 186*

Walnuss-Gewürz-Kekse 161*
Walnusskrokant 163*
Walnuss-Mandel-Mousse 183
Walnusssauce 150
Wassermelone in Apfelgelee 184*
Weiße Bohnen aus dem Backofen 124*
Wildkräuter-Spargel-Risotto 91

Zimtmaronen in Traubensaft
oder Rotwein 186*
Zitronendressing mit Mangold 107*
Zucchinisauce mit Pappardelle 82
Zucchini-Tomaten-Oliven-Crostini 45*
Zucchini-Auberginen-Sauce 154*
Zucchiniauflauf 125
Zucchiniblüten mit grünen Bohnen 99*
Zucchiniblüten, gefüllt 48
Zucchiniblüten-Crêpes mit Kapern 96
Zucchiniblütensauce 155
Zucchiniblütenstiele in Pecorinosauce 100
Zucchiniquiche 131
Zucchini-Risotto mit Blüten 92

Italienischer Rezeptindex

Acquacotta ... 69
Amaretti ... 162
Anguria in gelatina di mele ... 184

Barba di prete ... 106
Biete all'agro di limone ... 107
Biscotti di Prato ... 158
Bolli ... 165
Brigidini ... 157
Bruschetta ... 42

Cantucci ... 164
Castagnaccio ... 188
Cavallucci ... 161
Cecina ... 52
Ciorcelli al rosmarino ... 54
Crema di maroni con carube ... 181
Crespelle di broccoli ... 110
Croccante con le noci ... 163
Crostata con ricotta ... 174
Crostini con salsina di melanzane e mandorle ... 44
Crostini con salsina di olivi e rafano ... 43
Crostini con zucchini, pomodori e olive ... 45
Crostini di polenta ... 56
Crostini verdi ... 46

Dolce alla Fiorentina ... 160

Fagioli al forno ... 124
Fagioli dal metro conditi ... 108
Fagiolini di Prato ... 102
Farro e pomodori al forno ... 130
Fichi canditi ... 185
Fiori di zucca ripieni ... 48
Focaccia ... 58
Frittata di fiori di zucca ... 96
Frittelle di cavolfiore ... 112
Frittelle di neccio ... 187
Frittura di carciofi e salvia ... 105
Frucht-Nuss-Schnitten ... 178
Frullato di verdure e maroni ... 66

Gamba dei fioretti di zucchini ... 100
Gambe di bietola fritte ... 136
Gelato di noci e mandorle ... 183
Gnocchi di zucca con salvia ... 88
Gurgulione ... 103

Infarinata ... 89
Insalata alla giardiniera ... 146
Insalata di farro con rucola ... 144
Insalata di peperoni arrostiti ... 143
Insalata di radicchio e finocchio ... 147
Insalata di riso ... 140
Insalata di uva con formaggio ... 142
Intintino con la salvia ... 55

Lattuga con mozzarella ... 133

Maroni in succo di uva o in vino ... 186
Melanzane all' olio di oliva ... 49
Minestra di ceci ... 70
Minestra di farro e fagioli ... 76
Minestra di riso e cannellini ... 68
Minestrone di cavolo ... 72
Miscuglio ... 99

Nido di bietola alle erbe ... 134

Pane co'santi ... 172
Pane di farro e patate ... 59
Pane integrale Toscano ... 53
Panna cotta ... 182
Panzanella ... 139
Panzanelle ... 57
Pappa col pomodoro ... 113
Pappardelle con zucchini ... 82
Passato di ceci ... 116
Passato di fagioli ... 115
Pasticcio di riso e mele ... 166
Patate al rosmarino ... 119
Pennello con l'uva ... 170
Penne alla Toscana ... 79
Peperonata ... 101
Pinzimonio ... 41
Pizzette ... 50
Polpette di patate ... 109
Pomodori con mozzarella e basilico ... 47
Pomodori fritti ... 104

Pomodori ripieni con ricotta 132
Puré di patate e zafferano 114

Radicchio ai ferri 60
Ravioli ignudi 94
Ribollita 74
Risotto agli asparigi e erbe 91
Risotto con carciofi 90
Risotto con zucchini e fiori 92

Salsa di noci 150
Salsa di peperoni e panna 152
Salsa di zucchini e melanzane 154
Salsa piccante di pomodoro e capperi 149
Sedani al forno 135
Spaghetti al peperoncino 87
Spaghetti alla fornaia 86
Stufato di farro e ceci 126
Stufato di farro 168
Sugo ai formaggi 151
Sugo con melanzane e erbe 153
Sugo con panna e fiori di zucca 155
Sugo di erbe marine 148

Tagliatelle con finocchio al cartoccio 84
Tordelli di Lucca 80
Torta al finocchio 169
Torta coi pinoli 180
Torta di castagne 176
Torta di ceci 97
Torta di farro 120
Torta di riso con finocchio 122
Torta di zucchini 131
Tortino di frittate 128
Tortino di zucchine 125

Zuppa alla lattuga 63
Zuppa di asparagi e carciofi 64
Zuppa di farro 65

Ayurvedisch genießen

Petra Skibbe / Joachim Skibbe:
Ayurveda –
Die Kunst des Kochens
ISBN: 978-3-89566-252-2

Petra Skibbe / Joachim Skibbe:
Ayurveda –
Feiern und Genießen
ISBN: 978-3-89566-187-7

Petra Skibbe / Joachim Skibbe:
Backen nach Ayurveda –
Kuchen, Torten & Gebäck
ISBN: 978-3-89566-178-5

Petra Skibbe / Joachim Skibbe:
Backen nach Ayurveda –
Brot, Brötchen & Pikantes
ISBN: 978-3-89566-166-2

ISBN: 978-3-89566-278-2
Überarbeitete und aktualisierte Neuauflage

Rheinstraße 35, 64283 Darmstadt
www.pala-verlag.de

Die erste Ausgabe dieses Buchs erschien 2001 unter dem Titel
Toskana – vegetarisch genießen.

Umschlaggestaltung: Margret Schneevoigt
Innenillustrationen: Kirsten Schlag
Landkarte: Ingrid Keller

Lektorat: Barbara Reis

Druck: fgb • freiburger graphische betriebe
www.fgb.de
Printed in Germany

Dieses Buch ist auf Papier aus 100 % Recyclingmaterial
gedruckt und klimaneutral produziert.

Print CO_2 geprüft